社群化

酣客5年100倍增长的社群方法论

王为 ◎ 著

BE THE COMMUNITY

Hankol's Community Methodology Leading
100 Times Growth in 5 Years

图书在版编目（CIP）数据

社群化：酣客5年100倍增长的社群方法论 / 王为著. —北京：机械工业出版社，2020.9
（重做系列丛书）

ISBN 978-7-111-66608-0

I. 社⋯ II. 王⋯ III. 企业管理 - 网络营销 - 研究 IV. F279.23

中国版本图书馆CIP数据核字（2020）第181482号

社群化：酣客5年100倍增长的社群方法论

| 出版发行：机械工业出版社（北京市西城区百万庄大街22号 邮政编码：100037）
| 责任编辑：韩 蕊
| 责任校对：李秋荣
| 印　　刷：北京诚信伟业印刷有限公司
| 版　　次：2020年10月第1版第1次印刷
| 开　　本：147mm×210mm　1/32
| 印　　张：9.25
| 书　　号：ISBN 978-7-111-66608-0
| 定　　价：89.00元

客服电话：(010) 88361066　88379833　68326294　　投稿热线：(010) 88379604
华章网站：www.hzbook.com　　　　　　　　　　　读者信箱：hzit@hzbook.com

版权所有·侵权必究
封底无防伪标均为盗版　本书法律顾问：北京大成律师事务所　韩光 / 邹晓东

自序

这个时代，所有行业都值得重做一遍！

酣客用 5 年时间将白酒行业重做了一遍，实现了企业营收 100 倍的增长，取得了阶段性的成果。在酣亲（对酣客粉丝的一种昵称）的建议下，我对酣客重做白酒行业的经验和教训进行了总结，规划了"重做系列丛书"。

本书原计划是该丛书的第 2 本，第 1 本是"重做方法论"的总纲。为什么本书比第 1 本更早出版？因为我对第 1 本的内容还不满意，目前还在做第 7 轮的修订。

更重要的是，"社群"这个词太热了。自 2012 年移动互联网技术发展起来之后，出现了很多社群专家以及相关课程、理论和书籍，但对社群的理解、认知、定义，大家却是百花齐放。

到底什么是社群？

社群是微信群吗？

社群的商业模式是什么？

社群是众筹、圈钱、敛财的江湖骗术吗？

……

这些问题是很多企业家、创业者最关心的。

市面上已有不少关于社群的书，但一些作者并没有经营实业的经验，更没有亲自运营过大的社群。我认识其中一些作者，他们或做过酣客，或学过酣客，我很感谢他们为社群发展做出的贡献。但是，社群经济是一个严肃的经济学课题、新商业模式课题，概念还是需要厘清的。

社群，本质上是一种组织形态，社群经济通过组织创新提升竞争力。

传统的组织结构大多是金字塔式的上下结构，用权力和利益连接。我们把这种传统的组织形态称为"硬组织"。今天，硬组织遭遇了前所未有的大时代、新环境：互联网崛起、产品过剩、信息爆炸、个性被彻底释放……这些现实让组织的凝聚力、执行力面临空前的挑战。

员工跳槽的频率越来越高；

员工越来越难被经济收入驱动；

越来越多的年轻消费者开始反感传统的广告和营销，而是把目光对准了抖音、B站、小红书……

新品牌逆袭老品牌；

新品类颠覆旧品类；

企业的内组织和外组织频频遭遇忠诚危机、效率危机、文化危机。

这些林林总总的危机是如何产生的？归根结底，是我们的组织形态出了问题，硬组织走到了尽头。

硬组织该如何变革？

答案是：走向软组织！

社群就是软组织，连接软组织的不是权力和利益，而是热爱和志同道合。在硬组织中有效的权力和利益，在软组织中越来越不灵了，而存在于人们内心深处的追求、热爱、价值观逐渐成为创建新组织、提升旧组织的核心驱动力。人类对生活的追求，从满足温饱和人身安全上升为自我实现、被尊重和社交愉悦。硬组织再也无法满足我们的需求，于是产生了软组织——社群。

越来越多的新型组织正以不可思议的方式诞生和壮大，人和人的自由联合逐渐成为常态。这些新型组织都是社群。

迄今为止，我坚持认为：公司是人类伟大的发明。公司之后，人类更伟大的发明是社群。公司这种硬组织快要走到了尽头，社群这种软组织在未来必定成为主流。

互联网为社群的发展提供了基本的工具和手段，它让我们能更方便地连接在一起；心联网是互联网的底层逻辑，它能让有共同价值观和追求的人通过互联网连接在一起，产生一种全新的组织——社群。

所以，如果你问我"到底什么是社群"，我的回答是："软组织＋心联网。"

我凭什么能写社群主题的书？本书跟其他社群相关的书有什么区别？

5年时间营收增长100倍，每6秒卖出一瓶酒……说的就是我创立的企业——酣客酱酒。

酣客酱酒是贵州茅台镇山沟里的企业，是中小型民营企业，属于实体经济。而49岁的我，出身草根，不太懂互联网，更没有资本的支持。酱香型白酒从投粮酿酒到变成商品卖出去，必须经过6年甚至更久，是一桩很难、很累、回报周期长、成本很高的生意。这么艰难的产业，为什么能实现5年时间100倍营收增长？酣客酱酒为什么能成为中国白酒业增长速度最快的酱酒新品牌呢？

靠的就是"社群经济＋粉丝经济＋伦理经济"，这也是酣客的商业模式。

2013年之后，我认为中国在粉丝经济、社群经济领域最具代表性的案例有两个：一个是小米，它代表的是互联网和新经济；另一个是酣客酱酒，它代表的是制造业和传统经济。但是，酣客的产业基本面跟小米没法比，酣客的资产重、周期长、产能有限……我经常说："大多数传统产业、中小企业没法学马云和雷军，因为没有互联网基因。但是，都可以学酣客，因为绝大多数产业都比酱酒资产轻、效率高、成本低。"

酣客可以干成，你更可以！

酣客做社群可以成功，你也可以！

因为酣客模式可以复制。

王为
2020 年夏天于酣客研究院

引子：什么是社群

社群不是什么

关于到底什么是社群，近几年有很多人都在研究，既有清华、北大等高等学府的教授，也有社科院这样的国家级科研机构的研究人员，但是至今也没有一个各方都认同的明确定义。如果我来贸然定义它，或许有人会提出异议：你只是一个企业家，有什么资格来定义社群？所以，我先用反证法，说明一下社群不是什么。

第一，社群不是微信群

今天，人们对社群最大的误解是：社群就是微信群。因此很多人认为，拉粉、发圈、卖货就是在做社群。在我看来，这是一个愚蠢的定义，社群跟微信群压根儿没有任何关系。

第二，社群不是江湖骗术

有些声称在做社群的人，总是煞有介事地给自己戴上高大上的帽子，让自己被光环笼罩，然后把社群说成是一个神秘的东西，就像武侠小说里的绝世高手那样神秘莫测。我想不用我来说，大家应该一看就知道这是江湖骗子在招摇撞骗。

第三，社群不是胡作非为的伪装

随着社会的进步和科技的发展，各种经济现象和商业模式层出不穷，其中有一些的确为经济的繁荣做出了贡献，但难免也会有一些"害群之马"用尖端、前卫的技术忽悠人们投资、消费。

所以，我们首先要正本清源，明确一点：这些都不叫社群。

那么，什么是社群呢？

社的英文是 society，意思是社会、社会价值、社会意义，也就是说，如果对社会、国家和人类都没有价值，那这个社群是不成立的。群的英文是 community，也有社会的意思，并且更突出了社区、团体的含义。也就是说，社群必须有一个固定的、定向的人群，同时必须具有社会意义和社会价值。

真社群与伪社群

了解了什么是社群还不够，我们还要知道如何判断一个社群的真伪，毕竟现代社会中虚假的东西很多，被过度吹嘘的商业模式也不少。

那么，我们如何判断一个社群是真社群还是伪社群呢？

我们要来闻一闻"味道"。如果你发现一个社群充满了精明、花哨、圆滑、江湖等"味道",那么这一定是一个伪社群。**真正的社群是什么"味道"的呢?它一定是专业、正直、诚实、务实、创新、勤奋以及细致的。**

因为从本质上来说,社群是一种管理创新,更是一种组织创新,所以专业是社群必备的先决条件。另外,无论你要干什么,都要知道自己的终极目标是什么,服务对象是什么,基本条件是什么,所以社群必须是正直、诚实和务实的。同时,跟其他商业模式一样,创新也是社群必备的重要条件,也就是说,如果一个社群没有新知识、新思维、新观点,那这就是一个伪社群。再者,新生事物总需要冒险,怎么提高冒险的成功率呢?靠的就是勤奋。还有,社群一定是细致的,有细节,有步骤,而不是像"仙人指路""点石成金"一样一蹴而就的。

社群成功的标准

通过闻"味道",我们学会了如何辨别真伪社群,那么是不是所有的社群都能够成功,所有的社群都可以创造价值呢?当然不是。接下来我们还要弄清楚,一个社群成功的标准是什么。在我看来,社群成功的标准有两个。

第一,有社会资本(Social Capital)

社群成功的第一个标准就是有社会资本,那么社会资本体现在哪几个方面呢?首先是经济价值,也就是说,这个社群创造了多少税收，解决了多少就业。其次是产业价值，也就是说，这个社群给所处的产业带来了多少先进生产力。最后是社会价值，也就是说，这个社群有没有推动社会进步。这里提到的社会进步体现在物质上，是指社会运行总成本下降，社会运行效率和品质提升。

> 第二，有群资本（Community Capital）

群资本体现在哪几个方面呢？首先，目标群体准确、定位清晰、人群聚集。如果你的社群里什么人都有，那么就一定是个伪社群。其次，群体要有共同感。所谓共同感就是要有共同的思想、共同的思考、共同的行为、共同的利益，没有共同感，无异于一盘散沙，就是乌合之众。

中国成功社群的样板：酣客

看到这里或许有人会想：照你这样讲，社群做起来实在太麻烦，成功的标准太苛刻了，既要有各种不同的"味道"，又要符合这样那样的要求，有人能做到吗？我想告诉大家的是，只要是积极正向的商业模式，总会有人把它做成功。社群也不例外，如酣客公社就是一个典型的成功社群。下面我们依照上面提到的社群成功的标准对它进行一下深度验证。

1. 酣客创造的经济价值

截止到2018年年底，酣客的税收在贵州省仁怀市连续5年增幅领先，在全国多地创造了超过8000个就业岗位。

2. 酣客创造的产业价值

首先，酣客自身的发展势头强劲，从 2013 年创建到 2018 年年底，酣客实现了 5 年时间营收增长 100 倍，每 6 秒卖一瓶酒的骄人业绩。

其次，在带动行业共进方面，酣客更是始终走在行业前列。在仁怀酱香型白酒最困难时期，酣客积极投资、积极合作，带动了全行业的发展。从 2014 年开始，通过兼并、重组、投资、控股等方式，酣客先后与仁怀当地三家酒厂进行合作，帮助这些酒厂扩大经营，提高营业额，渡过难关。它们目前均成为仁怀酱酒行业的佼佼者。

在带领行业共进的过程中，酣客毫不保守，把自己的成功经验毫无保留地倾囊相授。2015 年酣客成功之后，一个从联想集团出来的小伙子找到了我，想拜酣客为师，向酣客学习社群经营理念。看到年轻人对酱酒行业充满热情，我很高兴，对他进行了深度辅导，把酣客的经验教训都讲给他听，还给他复制了相关资料。后来，这个年轻人参照酣客的社群模式也做了一个关于酒的社群，而且做得很不错。

或许有人会感到疑惑，为什么我会把具有很高价值的产业机密和企业机密就这样送出去了呢？在我看来，中国的白酒之争，主要是在新白酒与传统白酒之间，新白酒不是太多而是太少，所以只要是想做酱香酒的，我都会提供无偿帮助。酣客对于带动行业共进从不保守。

3. 酣客创造的社会价值

酣客在成本控制、效率提升、科研创新等方面的成就已经无须我再多说，因为我们取得的成绩足以说明一切。我主要讲一讲在文化以及生活方式等方面，酣客都创造了哪些社会价值。

首先，对于所有酣亲来说，每年最重要的节日可能不是春节，而是酣客节。酣客节就是酣亲们的大聚会，包括一年一度的全国酣客节和各种大大小小的地方酣客节，一年下来有十几场聚会。截止到2020年，我们已经举办了8届全国酣客节。除此之外，我们在每年春天都会组织酣亲进行国际游学，日本、法国、德国、意大利，都曾留下酣亲们的身影。酣客节、国际游学等一系列文化活动丰富了酣亲的生活。

其次，在环保方面酣客也做到了极致。酣客的酒瓶瓶盖采用的是符合行业最高标准的食品接触级塑料，同时酣客对外包装的纸箱子也进行了深入研究，做了很多创新，一个空纸箱可以承重600斤。更重要的是，纸箱是环保的，属于可回收类垃圾。因为酣客的纸箱子，包括缓冲材料，都采用可降解材料制作。

另外，酣客在文化领域同样建树颇高。5年时间我们创作了150万字的行业研究著作，同时还制作和发布了将近300节的线上课程（FFC）。而且，我们还为所有的酣亲准备了一年四季的上衣，所以，喝酣客酱酒的人都知道这样一句话：自从喝了酣客酱酒，从此不再买上衣。

由此可见，在其他的酒都只能被称作商品的时候，酣客酱酒已成为酣亲的一种生活方式。

4. 酤客创造的群价值

酤客的受众群体定位十分准确,中年人、精英、企业家、事业不顺想要转型的人以及特别喜欢创新的人,这就是酤客这个群体的特征。另外,这些人还有一个共同的特点,那就是都喜欢酒,虽然有的人并不饮酒,但不影响他喜欢酒。

我们为这个群体内的中年人、事业下滑的精英们找到了一个上坡路,那就是进军酱酒。酱酒这个独特的产业,容易经营,有根且牢靠,对中年精英们来说,绝对是一个可以让自己生活稳定、幸福的投资方向。

5. 酤客打造的共同感

关于共同感,我把它形象地总结成了 12 个字:吃喝穿、听说做、学享聚、游乐玩。

关于吃喝穿。吃,我们已经推出了酤客的下酒菜;喝,酤亲们喝的自然都是酤客酱酒;穿,这一点我在前面已经提到,我们为所有的酤亲准备了一年四季的上衣,为所有的员工准备了一年四季的制服,而且款式多样、面料舒适。

关于听说做。所有酤亲都会听我们制作的 FFC,而且酤亲们说的话、做的事也大多很相似。如果听到有人在讲敦厚靠谱、尖物实价,那这个人大概会是我们的酤亲。在喝酒之前,有人把酒瓶子抬得很高在拉酒线,不用说,这一定也是我们的酤亲。

关于学享聚。我们的酤亲都会在酤客研究院学习,学习怎么思考，然后逐步形成统一的思维方式。酣亲们的聚会有很多种方式，包括我在前面提到的全国性以及地方性的酣客节，也包括一年一度的国际游学，另外还有周末的酒窖品酒活动，大家可以在一起喝酣客酱酒，吃酣享下酒菜，还能品茗聊天，不亦乐乎。

关于游乐玩。线上我们有抖音大赛，线下我们有各种各样的体育活动——乒乓球、羽毛球、足球，这些都是酣亲们玩在一起、乐在一起的机会。我们已经有超过30支足球队，而且都是有赞助、有统一服装的足球队。

什么叫共同感？这就叫共同感。

所以，看到这里你们应该已经明白了：对国家有价值、对产业有贡献、对社会有创新，同时聚集了一个明确的人群，让这群人产生共性，就是一个真正成功的社群该有的样子。而酣客无疑就是这样一种存在。

以上种种，皆为铺垫。

为什么这么说呢？因为酣客再成功也只是酣客的成功，这不是我要讲的重点，重点是我要教会大家做社群。说到做社群，我有两点要先申明。

第一，做社群没有大家想的那么容易。毕竟这是一门功夫。在做酣客的这6年中，我们也经历过无数次的创新、无数次的试错，虽然这些并没有影响最后的成功，但是大家也不要把它想得太容易。

第二,社群也没有大家想的那么难。简单来说,有心人能学会一切,学不会东西的人都是因为无心。

总结来说,学社群不容易,你得愿意扎根,你得勤劳奋斗;学社群也不难,只要你有心。

现在,就让我们开始吧。

目录

自序

引子：什么是社群

第 1 章 社群的核心和最终去向

    1.1 左右未来的最大力量：从互联网走向心联网   2

        1.1.1   心联网，伴随信息技术代际而来   2

        1.1.2   从硬组织走向软组织   9

    1.2 到底什么是社群：2 种解读和 13 种启示   12

        1.2.1   从发展历史和组织形态角度解读：

                 7 种启示   14

        1.2.2   从企业发展和经营模式角度解读：

                 6 种启示   23

第 2 章 不做社群，企业未来将无商可谈

    2.1 为什么必须社群化   30

2.1.1	低敏感、碎片化时代的刚需	30
2.1.2	组织和个性崛起的刚需	33
2.1.3	跟上时代价值观变迁的刚需	35
2.1.4	高质量创新和互联网社会化组织的刚需	37

2.2 企业的新困境与社群的良方　39

2.2.1	产品速朽，品牌猝死	42
2.2.2	品类爆炸，渠道动荡	44
2.2.3	知识过时，经验失效	46
2.2.4	透明地球，难成马云	47

|第 3 章| 人、认、价：粉丝通过认知实现价值

3.1 粉丝盈余　51

3.1.1	粉丝：社群经济的基础和载体	51
3.1.2	物粉：为产品打造粉丝，让产品自动营销	54
3.1.3	人粉：满足需求，不如满足追求	66
3.1.4	事粉：经营好一件事，让粉丝为事而来	70
3.1.5	圈粉：打造一个平台，经营好一群人	73
3.1.6	熟悉粉丝类型与层次，精准实现粉丝资产化	76

3.2 认知盈余　81

3.2.1	物理认知盈余：产业改革与颠覆	82
3.2.2	心理认知盈余：商业认知改革与颠覆	88

	3.2.3	未来认知盈余：粉丝利益同盟	91
3.3	价值盈余		97
	3.3.1	物理价值盈余：市场的扩容、扩张与扩增	97
	3.3.2	心理价值盈余：产业的扩容、扩张与扩增	101
	3.3.3	未来价值盈余：行业未来利益创新、新根基	105

|第4章| 理、开、怀：用伦理和开度打造胸怀

4.1	伦理盈余		110
	4.1.1	伦理是所有伟大生意的必备品	110
	4.1.2	伦理左右人类的表达	114
	4.1.3	价值观是最强大的伦理产品	117
	4.1.4	社群营销靠伦理：酣客的两个伦理	119
	4.1.5	实现伦理盈余之道理领先：攀登道理峰	122
	4.1.6	实现伦理盈余之道德适众：填补道德坑	125
4.2	开度盈余		129
	4.2.1	通识开度：做宽做广	131
	4.2.2	专识开度：做细做深	132
	4.2.3	洞察开度：提高通识和专识的方法	137
	4.2.4	管理开度：提升包容性、吸纳性和整合性	139

XIX

- 4.3 情怀盈余　　144
  - 4.3.1 做社群要有深情感　　145
  - 4.3.2 做社群要有宽胸怀　　147
  - 4.3.3 无情怀，不社群　　148

|第 5 章| 信、关、工：打造软硬件并行的管理底盘

- 5.1 信息盈余　　152
  - 5.1.1 信息化盈余：实现软件、硬件的全面信息化　　153
  - 5.1.2 信息力盈余：从数据到信息再到知识和经验　　155
  - 5.1.3 没有信息盈余，社群就是无源之水、无本之木　　157
- 5.2 关系盈余　　158
  - 5.2.1 客户关系升维：把粉丝变成资源和资产　　159
  - 5.2.2 粉丝聚淀：实现强关系、强链接　　161
  - 5.2.3 社会关系裹挟：你的关系就是你的财富　　163
- 5.3 工具盈余　　168
  - 5.3.1 技术工具：激发人的生产力　　168
  - 5.3.2 管理工具：打造高效率的社群管理　　171
  - 5.3.3 文化工具：在思想上击中人心　　172

| 第 6 章 | 符、织、范：打造符号，对组织进行范式革命

6.1 符号盈余 177
 6.1.1 一颗文字钉：文字符号化 179
 6.1.2 第一把锤子：视觉符号化 181
 6.1.3 第二把锤子：听觉符号化 183
 6.1.4 第三把锤子：行为符号化 184
 6.1.5 第四把锤子：生活符号化 189

6.2 组织盈余 191
 6.2.1 外外组织不交叉 194
 6.2.2 内内组织要聚变 197
 6.2.3 内外组织强关系 199

6.3 范式盈余 204
 6.3.1 价值范式的盈余 206
 6.3.2 经营范式的盈余 208
 6.3.3 生活范式的盈余 212
 6.3.4 管理范式的盈余 214

| 第 7 章 | 品、根、力：用品质和根气创造扭曲力

7.1 品质盈余 218
 7.1.1 产品品质，给消费者带来惊喜 218
 7.1.2 文化品质，给消费者带来意外 224

　　　　7.1.3　组织品质，共享管理和经营成果　　226
　　7.2　根气盈余　　229
　　　　7.2.1　产业根深：社群发展的最大根基　　231
　　　　7.2.2　事业气足：来自文化体系的自生长　　237
　　　　7.2.3　酣客的文化与根基自生长之路　　238
　　　　7.2.4　没有根基，社群不稳　　240
　　7.3　扭曲力场盈余　　242
　　　　7.3.1　扭曲力产生的6要素　　243
　　　　7.3.2　扭曲力：社群的终极武器　　249

|第8章| 社群化是企业重做的必经之路

　　8.1　为什么企业重做要实现社群化　　252
　　　　8.1.1　社群方法论为企业重做奠定基础　　252
　　　　8.1.2　掌握方法很重要，勇于实践更重要　　257
　　8.2　社群化的科学方法论　　259
　　　　8.2.1　树立正确观念，为社群化指明方向　　259
　　　　8.2.2　从集体步行到集体游泳　　261
　　　　8.2.3　从集体游泳到集体飞　　263
　　8.3　底层重构，社群化的核心要点　　266
　　　　8.3.1　打造核心价值观和社群管理中心　　266
　　　　8.3.2　首席社群官带头，实现干部人才的社群化　　268
　　　　8.3.3　社群化变革，四项规则缺一不可　　270
　　　　8.3.4　社群化的正确步骤　　272

第 1 章 | CHAPTER

社群的核心和最终去向

什么是社群？

在本书的引子里，关于社群我讲了很多，包括社群是什么、真伪社群如何辨识、社群成功的标准以及成功社群的样板等。但是，我并没有给社群下一个明确的定义。所以，在本书开篇的第1章，我就要先来聊一聊到底什么是社群。

我把社群的核心总结为 6 个字，那就是"软组织 + 心联网"。

1.1 左右未来的最大力量：从互联网走向心联网

在我看来，左右未来的最大力量就是"（移动）互联网＋云计算＋大数据＋区块链＋5G＋人工智能＋物联网＋机器智能"的信息技术链条。其中，云计算是基础设施，重要性毋庸置疑；大数据是实现智能化的基础条件，也是实现智能化的技术手段；区块链是新的资源分配方式和技术发展方向；物联网则是前面所有这些技术的综合应用，是物理世界实现数字孪生的基础。这个链条的形成过程是信息技术循序渐进、不断发展的过程。纵观这个链条上的各个阶段，其中有的阶段我们已经经历，有的阶段我们正在经历，有的阶段我们正在迎接和即将迈入。

或许有人不理解，明明我要讲的是社群，为什么在讲未来？社群与未来有关系吗？有关系，而且关系深远。你想要了解社群、学会社群，就要知道它的未来在哪里，这样才有助于你树立正确的目标和正确的志向，才不至于走弯路。

1.1.1 心联网，伴随信息技术代际而来

人类社会是被科学技术推动着向前发展的。迄今为止，人类已经经历了三次工业革命，正在经历第四次工业革命。前三次工业革命分别为蒸汽机革命、电力技术革命、计算机及信息技术革命，第四次工业革命时代，也称为工业 4.0 时代，是基于网络物理系统的出现，利用信息化技术促进产业变革的时代。简单来说，基于"（移动）互联网＋云计算＋大数据＋区块链＋5G＋人工智能＋物联网＋机器智能"这一信息技术链条发展起来的、我们正在

经历和即将经历的一切,就是对第四次工业革命的最好解释。

那么,这个最新的时代给我们的生活带来了哪些变化,或者说,在第四次工业革命时代到来之时,信息技术经过了多少代际的变化呢?如图 1-1 所示给出了信息技术的代际。

第 1 代:门户

雅虎、搜狐等门户网站诞生,从此人们多了一个获取信息的渠道。

第 2 代:社会化

这一时期,BBS、博客、微博、微信相继上线,人们从只能接收信息迈进了拥有网络表达权的时代。

第 3 代:生活的流

所谓生活的流,简单来说就是人们在生活中想做的一切、所需要的一切,在互联网上都能实现。比如,想买一件衣服,逛一下淘宝可以实现;想要订一家酒店,携程可以帮助你实现;想要吃一顿炸鸡,美团可以给你送到眼前……

第 4 代:行为的流

所谓行为的流,是指伴随着人类的行为和生活产生的大量数据被捕获,从而产生的一种服务和产品。在这个阶段,出现了很多相关产品,比如可以计步、计算卡路里消耗以及监测血压和血氧的智能手环,可以纠正跑步姿势的球鞋,可以监控全身健康的背心等。

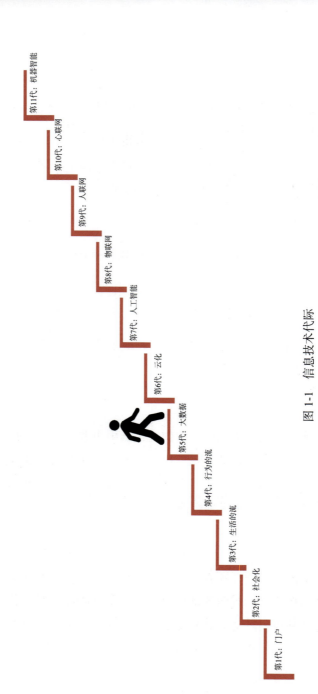

图 1-1 信息技术代际

虽然在行为的流这一阶段，许多电子穿戴设备层出不穷，但在我看来，它们仍然没有找到真正的强应用和痛点应用。你会发现，曾经有很多人戴智能手环，但一段时间之后就都不戴了，这就是因为它没有切入人们的刚需。所以，如果让我评价我们现在所处的互联网时代，只能说我们正处于三代半阶段，即生活的流全面实现，而行为的流还没有全面实现的阶段。

第 5 代：大数据

所谓大数据，简单来说就是人类的行为数据化，由数据化产生智能。现在，人类的数据已经变成了一种资产，通过数据可以推测未来，可以发现客户，可以做很多事情。比如，粉丝买一瓶酣客酱酒，只要扫一扫酒瓶上的二维码，用户的行为和个人信息就会变成我们的大数据。

第 6 代：云化

所谓云化，简单来说就是人类的一切知识、一切经验、一切信息，由过去的个体存储，变为现在的公众存储，公众存储的这种形式就是云化。再形象一点来解释，就是一切都在天上。

举个例子，我们每个人都有邮箱，那我来问大家一个问题："你的邮箱的具体位置在哪里？"没有人能回答出它具体在哪个省哪个城市的哪条街道。或许有人会说，邮箱在网上。对，我们经常说的某某东西在网上，其实就是云化的一种表现形式，也就是说信息系统的整个存在环境发生了改变。

第7代：人工智能

所谓人工智能，简单来说就是机器通过传感器的革命和芯片的革命，越来越多地具有人的智慧。比如，我们现在常用的讯飞输入法，只要我们输出语音，软件就可以自动将其转换成文字，当然，前提是你的普通话要过关。类似的人工智能产品在我们身边随处可见，比如苹果手机的Siri、小米的"小爱同学"等。再比如，比较高端一些的人工智能——自动驾驶，目前特斯拉已经做到了这一点。上车之后，我们只要系好安全带，然后下达指令，汽车就可以自己行驶，不用人来操作。当然，目前自动驾驶在法律层面上还没有依据，所以这个模块还没有完全开放。

第8代：物联网

说到物联网，就不得不提一下物联网与前面讲到的大数据、云化以及人工智能之间的关系，这4个代际之间是互为基础、相互作用的。比如说，没有大数据，云又能发挥什么功用？没有云，大数据又该存储在哪里？而人工智能实现的基础正是大规模的云化。人工智能实现之后，数据开始在云端运算，然后再通过传感器传到汽车、家电、手机等一个个硬件上，这就叫作物联网。

到了这个时期，很多事情都不需要人来做了，物品和物品之间已经开始打交道了。比如：你只要把自己的作息时间定为早上七点起床，那么下面就是见证奇迹的时刻——早上六点半，你的豆浆机开始打豆浆，面包机开始烤面包，然后闹钟一响，窗帘就会自动拉开；夏天的时候，当你还有两公里到家的时候，家里的空调已经开始运转；当你在地下停车场找车的时候，只要按一下钥匙，你的车就会自动跑到你面前。这些都是物联网在发挥作用，大家不要觉得太梦幻，其实有很多场景已经实现，出现在我们的生活中了。

第9代：人联网

所谓人联网，是指我们真正实现了人与人的自由联合。

从第1代走到第8代，其实正是互联网从萌芽到全面融入人类生活的过程，那么，在这个科技力量越来越强大的过程中，人类又发生了什么改变呢？从某种程度上来说，人类已经变成了互联网的"奴隶"。当然，作为地球的主宰，人类不甘心变成"奴隶"，所以人类最重要的变化就是打破围墙，打破公司与公司的结构。

在我看来，到第9代互联网到来的时候，企业很可能已经消失了，个体开始变得无比强大。大家都开始在线工作，在线做事业，在线交易，生活也开始扁平化。过去，人类根据分工来划分职业和企业，但到了未来可能会根据爱好、情趣和价值观来划分。也就是说，人与人自由联合的时代到来后，你可以去做你想做的任何事情，当然，一切还是要在法律、法规以及社会伦理道德允许的范围内。

不要觉得人联网离我们还很远，在前8代互联网的推动下，它迟早会实现。

第 10 代：心联网

什么是心联网，或者说到了心联网时代，社会将发生怎样的改变呢？

到了心联网时代，人类可以基本实现身与心的真正自由，摆脱很多旧的束缚。同时，世界上会产生一种新组织、新的联盟，在这个组织中，大家拥有共同的价值观和共同的追求。而且，心联网时代消失的不仅仅是企业，甚至连行政机构都不需要存在了。互联网技术和信息技术会高度发达，现在我们正在迎接 5G 的到来，到了心联网时代，通信技术或许已经到了第 8 代，即 8G 时代已经到来。

第 11 代：机器智能

在很多科幻电影中，我们都曾看到过人类制造的机器开始反客为主，想要霸占地球。但是，机器永远也打不赢人类。按道理来讲，机器跟人类相比，无论是记忆功能、存储功能、检索功能还是战斗能力，都遥遥领先。那么，为什么机器到最后也超越不了人类呢？就是因为人类有感情，有一颗有温度、时刻在跳动的心。

所以，当人类的心灵变得足够强大之后，就会迎来第 11 代互联网——机器智能时代。

我在前面已经讲过了，社群的基本样貌就是，一群价值观相同、追求相同的人聚集在一起，产生社会意义并创造社会价值。那么，在了解了信息技术的未来代际之后，大家有没有发现，其中的心联网时代与社群在很大程度上非常相像。所以，从某种程度上来说，社群已经具备了我们即将经历的心联网时代的基本特征。

那么，这个或许会被机器智能"统治"的未来具有怎样的特征，我们的组织又即将面临怎样的挑战呢？

1.1.2 从硬组织走向软组织

什么叫硬组织？

形象点儿来说，硬组织就是那种等级森严、界限清晰的组织。比如在一家公司，员工要听命于组长，组长要听命于经理，经理要听命于总监，总监要听命于副总裁，副总裁要听命于CEO，CEO要听命于董事长，这样的组织就是典型的硬组织。

那么具体来说，硬组织具有哪些特点呢？如图1-2所示给出了硬组织的特点。

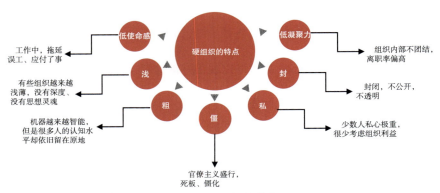

图1-2 硬组织的特点

1. 低使命感、低凝聚力

在今天的许多企业中，有一部分员工根本不热爱工作，工作拖延、应付了事对他们来说是家常便饭。有时候，甚至会因为上司批评了一句就立马辞职。造成这种情况的部分原因是员工自身的素质低下、能力有限，更主要的原因是组织的使命感和凝聚力不强，留不住人。

2. 浅、粗、僵、私、封

所谓浅，就是有些组织越来越浅薄，没有深度，没有思想灵魂。

所谓粗，就是机器越来越智能，但是很多人的认知水平却依旧留在原地。

所谓僵，就是官僚主义盛行，组织死板、僵化。

所谓私，就是少数人私心极重，很少考虑组织利益。

所谓封，就是封闭，不公开，不透明。

浅、粗、僵、私、封，可以说很好地诠释了硬组织的问题。

依照信息技术的代际发展，科技会一路朝着机器智能的方向不断发展，那么人类在面对互联网、面对机器智能的时候，是不是就毫无优势了呢？当然不是，大家要记住，即使真的到了机器智能完全实现的那一天，人类所具备的 4 个优势（如图 1-3 所示）依然是机器不能替代的。

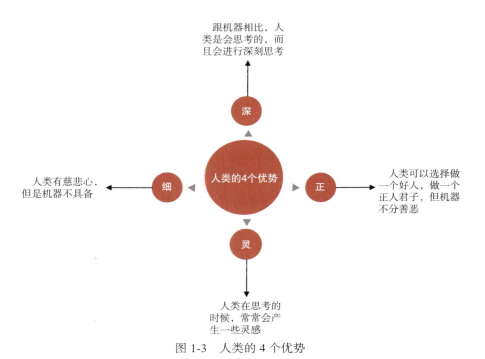

图 1-3 人类的 4 个优势

第一个优势:深

人类是会思考的,而且会进行深刻思考。而机器是不会主动思考的,只能接受命令。

第二个优势:细

正因为人类会进行深刻的思考,所以总会想出一些创意,并且人类具有慈悲心,这些都是机器所不具备的。

第三个优势：灵

人类在思考的时候，常常会产生一些灵感，会猜对甚至蒙对某件事情的答案，很显然，机器并不具备这种能力。

第四个优势：正

所谓正，直白来说就是人类可以选择做一个好人，做一个正人君子，但是机器是不分善恶的。举个简单的例子，银行的 ATM 机可以为我们提供正常的存款、取款服务，但同时它也有可能被电信诈骗分子利用，存取一些不正当来源的钱。

因此，现在的零散个体、碎片化信息以及浅、粗、僵、私、封的硬组织根本没有未来，如果不进行组织变革，迟早会被机器所替代。

什么叫组织变革？组织变革就是改变组织的结盟方式和结构，简单来说就是用软组织来替代硬组织应对未来。那么，如何应对未来呢？最终只能靠心联网来实现。

这就是我根据未来的特征与挑战得出的两个结论，一个是软组织，另一个是心联网。而这也正是社群的基本定义。也就是说，"软组织＋心联网"这 6 个字是对社群最精确的描述。

1.2 到底什么是社群：2 种解读和 13 种启示

通过前面两节的介绍，我们已经确定了社群的终极定义，那就是"软组织＋心联网"。不过，有人可能会说："这只是你自己总结出来的定义,你的这个定义经过官方认证了吗?"我只能说:"没有。"但是,这个定义是我根据自己血泪教训的实战经验总结出来的,虽然没有官方的认证,但是在我看来,它的含金量一点也不少。

那么官方认证的社群的定义是什么呢?我们来看看百度上是怎么说的。

一般社会学家与地理学家所指的社群(community),广义而言是指在某些边界线、地区或领域内发生作用的一切社会关系。它可以指实际的地理区域或是在某区域内发生的社会关系,或指存在于较抽象的、思想上的关系,除此之外。Worsley(1987)曾提出社群的广泛含义:可被解释为地区性的社区;用来表示一个有相互关系的网络;社群可以是一种特殊的社会关系,包含社群精神(community spirit)或社群情感(community feeling)。

看到百度的这个定义,不知道你们有没有意识到一个问题,那就是每一门科学都有一些正确但无用的废话,它说得很对,但却没什么用。也就是说,它可以把某个事物描述得很准确,归类归得很清楚,但是当你一个字一个字看完之后,却很难理解它真正的意思。

但是,关于我对社群的讲解,相信大家都听得很清楚,很明白。

这时候或许又有人会问了,前面你已经用了两节的篇幅讲了什么是社群,为什么在这里又提出来了这个问题呢?我想说的是,前面我讲的社群落脚点主要在发展的趋势和大背景上,但是下面我要讲的,却实实在在落在社群的具体形态和模式上。

1.2.1 从发展历史和组织形态角度解读:7 种启示

从社群的发展历史和组织形态的角度来解读社群,我们可以得出如下 7 点结论,如图 1-4 所示。

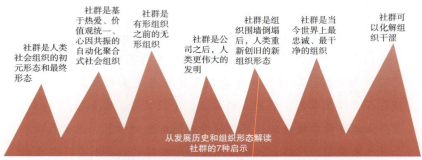

图 1-4 从发展历史和组织形态的角度解读社群的 7 种启示

1. 社群是人类社会组织的初始形态和最终形态

所谓"初元",就是"最初的、原始的"的意思。为什么说社群是人类社会组织的初元状态呢?

据考证,公元前 3500 年左右,在苏美尔地区出现了十几个独立的城邦,世界上最早的国家形态由此诞生。我想问大家一个问题:"在国家这种形态还没有诞生之前,人类难道不是群体生活的吗?如果往前追溯,人类的先祖东非智人难道不是群体生活的吗?"

答案当然是否定的。

人类之所以成为万物灵长，之所以成为地球的主宰，很大一部分原因就在于从原始社会开始，人就开始群居，开始懂得相互合作。他们一起合作狩猎，获得食物，变得越来越聪明；他们一起合作战胜袭击他们的野兽，让族群生存质量和生存率都得到不断的提高。

那么，在那个时候，没有国家，也没有部落，他们生活在一起算什么呢？对，他们的这种形式就是社群。社群是什么？我在前面讲过了，社群就是有共同目标、共同利益的一群人聚合在一起。所以，千万不要认为社群是一个新发明、新创造、新学科，其实它在几千年前就已经出现，人类社会的初始形态就是社群。

同时，人类社会组织的最终形态也是社群，因为人类最终在地球上将是最强大的存在。这是因为跟动物比起来，人类有脑，人类有思想、有意识、有追求，但动物却没有。

面对越来越发达的科技，面对越来越多的工作已经被人工智能、机器智能替代，人类又要依靠什么来继续做地球的主宰呢？答案与前面是相同的，因为人类有思想、有意识、有追求。所以，我再强调一次，社群并不是一门新学科，人类社会的初始形态和最终形态都是它。

换一个角度来说，既然人类的初始形态和最终形态都是社群，就说明现在我们每个人都身处在社群当中。举个例子，一家公司，是不是一群人聚集在一起，为了共同的目标、共同的利益，有着共同的思维和共同的行动呢？当然是，所以每一个公司都是一个社群。区别就在于，有的人待在一个具有"五高"特征的好社群里,而有的人却待在一个烂社群里。

2. 社群是基于热爱、价值观统一、心因共振的自动化聚合式社会组织

如果我问你为什么要上班,或许你会说,当然是为了赚钱。这话不假,不上班就没收入,没收入怎么吃饭呢?但是社群却不是这样,如果我把同样的问题抛向我们的酣亲,那么他们的回答一定是,首先是因为热爱。你们知道酣客的经销商体系和其他白酒经销商体系最大的区别是什么吗?就是是否基于热爱。

所有的企业都想做好产品,但是为什么很多产品慢慢品质就不行了?就是因为他们的经销商缺乏对产品、对企业的热爱。比如,你跟经销商说,这次的研发投入了多少工夫,这次的创新有多么厉害,但经销商想听的却不是这些,他们想要的是利益,也就是你能不能把价钱再压低一点,回款的周期能不能再长一些。没有热爱会让企业的产品品质越来越低劣,没有热爱会让企业很难长久地生存下去。

所以说,没有热爱对产品、对企业来说是一件多么恐怖的事情。

当然,仅有热爱是不够的,我们的经销商和分社酒窖也是要赚钱的。但是,我们遵循的一切是基于热爱,先有热爱,再谈利益。

另外,酣客前5年营收增长了100倍,我们从来没做过广告。因为基于热爱,我们实现了无须广告、不给利益、自动聚

合。心矿，比煤矿、铁矿都值钱，因为人心是最大的。而自动聚合意味着，我们很多员工和管理者都不是招聘来的，而是认同我们的理念和企业文化自动聚集来的。所以，从人力资源的角度来讲，社群的搭建成本是最低的，因为人才会自动聚集过来。

3. 社群是有形组织之前的无形组织

前面我讲到原始社会的时候，人类就是社群，那么当时的社群是个什么样的组织呢？刚开始的时候，这个社群只是一个无形组织，只有协作，没有分工。只是因为怕饿死，所以一起打猎，怕被野兽攻击，所以相互保护。后来，担心打到的猎物不够吃，基础农业开始慢慢兴起，但依然没有领导，也没有被领导，大家只是因为大自然的挑战和自己的需求走到了一块。

人类走到一起形成组织之后，时间一长，各种问题就出现了。出现问题之后，谁也不听谁的，谁都想说了算，但谁说了也不算，所以这时候，大家便想到选出一个人来做酋长。当时没有公章，也没有名片，酋长靠什么来证明自己的身份呢？大家想来想去，最后，一根最特别的羽毛插到了酋长的头上。从这时候开始，原来的无形组织就变成有形组织了。

比如，你想要创业，刚开始这只是你脑子里的一个想法。接下来，经过一段时间的思考，你觉得自己的想法已经很成熟了，便找来几个朋友一起聊。聊着聊着，大家很投机，你的这个想法得到了他们的认可。那么请问，这时候组织成立了吗？还没有，但是在几个兄弟摩拳擦掌的热烈情绪里，无形的组织正在逐渐产生。

跟朋友聊得很投机，这让你有点兴奋，回到家也睡不着觉，于是便又打电话给几个朋友，最后大家决定你出3万，我出5万，他出8万，就这样，你们决定成立一个股份制公司。第二天，你们就到市场监管局进行了注册。这时候，之前的无形组织就已经变成有形组织了，但只是一个具有初级形态的有形组织。

接下来，你们开始商量，出钱最多的当董事长，头脑灵活、聪明的当CEO，其他人就是副总。这时候，你们的组织已经是一个真正的有形的组织了。

说到这里，大家有没有注意到，组织或机构的产生，是不是跟我刚才讲的一个组织从无形到有形的这个过程很相近？的确，任何有形组织都是从无形阶段发展到有形阶段的。也就是说，无形阶段的组织叫社群，有形阶段的组织，还叫社群，是社群在推动组织的进步。所以，人类的组织就起源于社群，即一切有形皆源于无形。

4. 社群是比公司更伟大的发明

400年以来，地球上最伟大的发明，不是电，而是公司。公司为什么伟大？因为公司创造了人与人的大规模协作。

为什么明朝一个最富有的家族，算上家丁、丫鬟、厨子加到一起不会超过1000人？为什么中世纪欧洲的大城堡的大家族里，加上佃户、花匠、仆人和卫兵也不会超过2000人？因为那就是当时人类管理的极限。而今天，华为可以管理19万员工，是因为公司让人类有了大规模的协作，而大规划的协作反过来也创造了更多超大型公司。从此，人类社会解决问题的方法，也从政府牵头，变成了企业牵头。所以，公司是比电更伟大的发明。

但是，今天公司这一模式却走到了尽头。可能有人会说，我们公司发展得挺好，没有走到尽头啊。我说的公司走到尽头并不是说公司倒闭破产，而是说公司的底层基础开始发生变化。比如，初始阶段，公司解决了人类物资不足的问题，但是现在已经到了一个物资过剩的时代；再比如，公司里的员工通过工作的方式获得收入，但是现在有好多人并没有固定工作，但是作为自由职业者一样过得很好。独立摄影师、独立艺术家、独立制片人、独立工匠随处可见，大多数都活得很自由，很精彩，同时也赚了很多钱。所以说，公司的底层机制已经逐渐走向了尽头，人类不愿意再被约束，都希望能够活得自由一点。

那么，在这种情况下，人类要如何才能实现更大规模的协作呢？那就是依靠社群。有组织、有计划的硬组织是一种创造，人类自动的、相互的、矩阵式的、网络状的合作同样是一种创造，而这就是社群的创造。所以，作为一种企业经营战略，社群是比公司更伟大的发明。

以酣客为例。酣客从零开始，只用了5年时间就创造了一个庞大的经销商网络，依靠的是什么，正是社群。那么我想请问，对于酣客的粉丝来说，我是他们的领导吗？不是。他们是我的领导吗？也不是。那么，这么多不做酒的人，而且没有上下级关系的人如何聚在一起做成了一件很伟大的事情？就是因为社群让我们走到了一起。

所以，能够实现更大规模的协作、更快速度的协作、更高效率的协作以及更低成本的协作的是社群，而不是企业。

5. 社群是组织围墙倒塌后，人类通过重新创旧的新组织形态

现在，很多企业的员工每人一台电脑，大家都在闷头工作。但是，这其中又有多少人是在认真工作呢？你以为他在认真工作，他其实是在打游戏，或者，人在办公室，心却已经到了千里之外。

人类变得越来越松散，所以组织的围墙开始倒塌。什么叫作组织围墙倒塌呢？我分4个维度给大家来分析一下。

第一，公司社会意义的围墙开始倒塌。

为什么坐在公司里面，却有很多人心里不想正事呢？就是因为物质过剩，产品泛滥，即使丢了这份工作，换一份工作照样可以赚钱，照样有饭吃。所以，公司的社会意义的围墙开始倒塌。

第二，公司职业价值的围墙开始倒塌。

如今是一个信息爆炸的时代，互联网赋能所有人，手中有一部手机就可以通达全世界。但是在过去，为什么我们必须到公司来上班？因为我们要进行信息的交流。档案、资料、图纸，都在公司，如果不来，工作就没办法进行。但是现在，我们还必须到公司来上班吗？已经不需要了。因为我们想查的一切资料，都在云上。所以，公司职业价值的围墙也开始倒塌。

第三，公司奋斗价值的围墙开始倒塌。

过去我们到公司上班，还有一个原因，就是老板激励我们。

在家里办公，老板觉得你会懈怠，所以他要求大家都到公司来，他要通过激励让大家燃起对工作的热情。但是，对现在的年轻人、现在的新新人类来说，这种激励还有效果吗？已经没有了。因为他们大多拥有独立的个性，可以独立思考，所以，有时候越激励反而让他们越反感，越懈怠。所以说，公司奋斗价值的围墙也开始倒塌。

第四，公司协作价值的围墙开始倒塌。

什么叫协作价值？就是通过人与人的合作创造的价值。比如，你是一个文员，只会写稿子，但是你想要在文章里加几张图，这时候就需要和会做图的同事产生协作。做图同事的图从哪里来？他需要和拍摄的同事产生协作。所以，过去我们到公司来上班，是因为有时候一个人干不成事儿。但是今天，工具自动化已经大面积普及，公司协作价值的围墙也开始倒塌。

当公司的社会意义、职业价值、奋斗价值、协作价值都弱化了时，人类真的要重新进行深刻思考了。所以，在这种情况下，人类通过重新创旧创造了一个新的组织形态，这就是社群。所谓创旧，就是对旧的东西又进行了二次创造。从某种意义上来说，创旧比创新更重要。

6. 社群是一个忠诚和干净的组织

如果不忠诚、不干净，那就是一个坏社群。因为社群很明确，就是以大家的共同利益、共同思想、共同行为为目标，所以在共同利益面前，人们遵守纪律不是在捍卫企业的利益，而是在捍卫自己的利益。

酣客的人是怎么聚集起来的呢？我并没有管理我们的粉丝，我也无权管理他们，他们愿意聚集到酣客来，是因为酣客保护了他们的利益。所以，我从来不觉得我是一个有粉丝的人，我觉得我只是一个帮助大家实现利益的人。同等重要的是，酣客也保护员工的利益。比如，我希望我们的员工能够早点买车、早点买房，我希望他们将来结婚的时候可以不用伸手向家里要钱，我更希望他们能够练就本事，成为精英，实现人生价值。所以，这些利益不是我的利益，是大家的利益，是酣客这个组织要大家实现这样的利益。

在自己的利益面前，有谁会不忠诚呢？所以，社群是百分之百做到基于热爱、喜爱、尊重和崇拜建立起来的商业组织，先谈热爱，再谈利益。而这也使得社群的根基和根气深植于河道，如水银泻地一般，无坚不摧。

7. 社群是自动化解组织干涩与内耗的自润滑、自调适组织

在传统企业中，员工犯错误的时候一般都怎么处理呢？第一，警告；第二，处罚；第三，开除。但是这些方法都是治标不治本的，不仅解决不了根本问题，还有可能造成矛盾激化、人才流失。但是社群里却不会出现这样的问题，因为社群系统里面有一个自润滑、自调适的机制，自己具有调节能力，自己具有免疫能力。

在酣客，高层们经常会进行批评与自我批评，我们的粉丝还有专门的顾委会，管理层、各部门主管又跟市场搭在一起组成了战委会。为什么要建立战委会、顾委会、常委会，目的就是让组

织具备自我调适能力，从而化解组织的干涩与内耗。关于这3个组织，在下文会有详细介绍。

传统企业大多奉行的是基于命令的管理体制，但是在社群里，我们面对面地沟通，面对面地说说实话，就把问题解决了，因为酣客社群具有自润滑、自调适的能力。所以，无论是政府机构、学术机构、社会团体，还是影视业、娱乐业，当你产生一个想法的时候，你最需要的就是社群对你的帮助。因为自润滑、自调适，自由人实现自由联合，自动聚合信任，自动化解危机和困局。

说到这里，如果你是一个企业老板，你知道自己企业的问题所在了吗？你的企业所有问题总结在一起，就是组织太老了，已经无法跟上发展的脚步了，你需要去创建一个新的组织，这个组织就是社群。

1.2.2 从企业发展和经营模式角度解读：6种启示

从企业发展和经营模式的角度来解读社群，我们可以得出如下6种结论和启示，如图1-5所示。

1. 社群是成本最低、效率最高的营销模式

卖不出去货的人请注意了，社群是成本最低、效率最高的营销模式。为什么这么说？因为社群有粉丝。

比如，小米早期的顾客叫什么？叫粉丝，可以毫不夸张地说，粉丝经济成就了小米。苹果手机新款发布的时候，门店门口

彻夜排队等候的人是谁？是粉丝。喜茶门店前，排队两个小时就为了买一杯饮料的人是谁？还是粉丝。

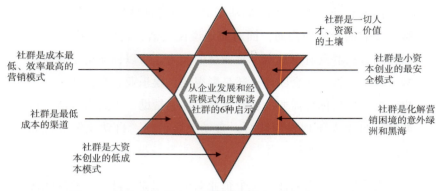

图 1-5　从企业发展和经营模式角度解读社群的 6 种启示

因为粉丝经济而成功的企业数不胜数。然而，大家有没有发现苹果、小米、喜茶都有一个共同的特点？那就是他们的早期发展都没有走传统的广告模式。为什么不做广告？因为社群本身就是成本最低、效率最高的营销模式。所以，如果你在经营一家没有粉丝的企业，而且不理解社群的运营，那么你一定非常累，还不一定会成功。

酣客的很多事如果放到传统的白酒企业，花费的成本或许要比我们多几百万。为什么这么说？

比如，有很多地方的政府都曾邀请我去给当地的企业家讲课。有一次，一个营业规模达几百亿的酒厂老板对我说："老王，你太厉害了，我们对你是又羡慕又嫉妒啊。政府组织几百个企业家召开大会，我们来参加这场活动，怎么也得花个两三百万，可是你来参加不仅不用花一分钱，还有讲课费可以拿。"

这个案例从一个侧面告诉我们：有粉丝，你的企业就会顺风顺水；没粉丝，你的企业就会寸步难行，因为粉丝是社群商业模式当中的最基本单位。

2. 社群是最低成本的渠道

为什么说社群是最低成本的渠道呢？我们先来看一个问题：社群是怎么开始建立起来的？在我看来，它是通过无组织、无纪律、无规则、松散化建立起来的一支铁军。

举个简单的例子，很多农民起义军在成立之初，并没有规范的组织，也没有严格的纪律，但是他们有一个共同的目标，那就是吃饱饭。所以，他们可以在没有组织、没有纪律、没有规则的情况下，仅靠一个共同的目标就把一个县城攻打下来。而且他们的成本最低，因为他们没有组织，所以没有管理成本，不涉及利益分割，自然也没有资金成本。

我们再来看酣客公社。为什么酣客在短时间内吸引了众多爱喝酒的企业家？因为来到酣客之后，他们逐渐了解了酱酒的酿造过程，品尝了真正的酱酒，同时也知道了一些其他类型白酒的酿造工艺，所以他们发现，自己原来喝过的很多酒有可能是酒精勾兑的。来到酣客之后，大家就有了一个共同的目标，那就是：喝好酒，不上当，喝酣客，健康酒。

所以，酣客的这支铁军就是由这些无组织、无纪律、无规则，但有一个共同目标的人组建起来的。对于所有的创业企业来说，有谁不想要这样一支队伍呢？

3. 社群是大资本创业的低成本模式

在投资之前所做的市场调研其实很多时候都是公司自己给自己挖了一个大坑。为什么这么说？因为很多负责这项工作的人根本不认真，不走心，一个人一晚上填了 300 份调查问卷，然后上交给领导，说自己是在市场上认真找了 300 个人，认真做了调研。这样的调研结果给投资带来的负面影响可想而知。

但是，如果社群在做调研，就绝不会发生这种事情。因为搞社群的人都热爱社群。充满热爱，怎么会有欺骗，怎么会有敷衍？所有一夜崩溃的，都是因为没有热爱。对投资来说，最大的风险就是听到假话，最大的敌人就是缺乏热爱。

那么，怎样才能让大资本创业的时候避免这种风险？很简单，那就是走向低成本的社群模式。

4. 社群是小资本创业的最安全模式

小资本资金少，经不起折腾。所以，小资本创业最重要的是安全。那么，小资本创业怎样做才能安全呢？答案是零广告、零公关、零经费。那怎样才能做到零广告、零公关、零经费呢？通过社群，因为社群是成本最低的创业模式。

另外，创业这件事，谁也不能保证一上来就做对事，如果错了就是成本的浪费。但是，社群却不怕试错，因为在你背后有强大的粉丝给予支持和力量。

社群是最不怕试错的。酣客在发展的过程中，也曾犯过很多错误，但是我们的粉丝始终对我们不离不弃。如果不是社群，我们能有这么强大的粉丝作为支撑吗？还能有这么强大的资本用来试错吗？

5. 社群是化解营销困境的意外绿洲和黑海

什么叫黑海？红海叫惨烈竞争，蓝海叫竞争，还没那么激烈，那么黑海就是唯你独存，只有你一个人。为什么这么说？因为社群的模式太可怕了，简直无孔不入。一般人给公司工作都是为了利益，但给社群工作的人都是基于热爱，基于同样的价值观。

社群里的人信奉的是忠诚信仰、统一思想、统一行动。

所以，没有流量的网站，没有顾客的企业，你要做什么才能突破的困境？你要找到属于你的价值观，并且找到一群跟你具有同样价值观的人，然后设定一个目标，再找一群跟你目标一样的人，向下创新进行社群化创业。

6. 社群是一切人才、资源、价值的免费土壤

传统企业招聘的时候一般会怎么做呢？挖高端人才需要找猎头公司，招聘普通人才也至少要与一些招聘平台合作。但是社群在招聘的时候怎么做呢？以酣客为例，我们基本上不用自主招聘，我们的员工一大半来自我们的粉丝群体。酣客的一些高层领导，以及常委会中的一些成员，原来都是我们的粉丝。

在创业初期，我们也曾做过一些自主招聘，但那时候也基本都是粉丝在替我们操作。正所谓，粉丝当中有一切。也就是说，

如果你拥有一个基于热爱组成的庞大族群，那么无论是股东和精英，还是人才和方法，一切资源都会源源不断向你涌来。

今天，我们已经站在社群这个商业浪潮入口处，"软组织＋心联网"正随着社群的浪潮涌入现代经济社会的各个角落，如果想让你的企业或组织随着社群化的深入走向"深、细、灵、正"，那么就要投身社群运营，乘风破浪。

第 2 章 | CHAPTER

不做社群，企业未来将无商可谈

狄更斯在《双城记》的开篇这样写道："这是一个最好的时代，也是一个最坏的时代。"

的确，伴随着互联网快速发展以及新技术不断创新，5G、大数据、人工智能正在一步步向我们走来。对于企业来说，这是时代的机遇，抓住机遇，趁势而上，就有可能创造更大的成就。但是，现实情况却是，很多企业都存在着各种各样的问题和困境，或组织陈旧，或管理松懈，或渠道动荡，或劳资脆弱……面对这些问题和困境，如果企业不进行社群化的组织变革，就很可能被时代淘汰。所以，这一章，我们就来详细探讨为什么必须社群化。正所谓，知因才能达果。

2.1 为什么必须社群化

在第 1 章，我们经过层层论证和剖析，得出了社群的终极定义，也详细阐述了到底什么是社群，以及社群的功能有哪些。想了解一个事物的规律，知道了它"是什么"之后，就要弄清楚"为什么"。也就是说，我们为什么必须社群化？如果不做社群，真的就无法生存了吗？

当然不是，不做社群也可以生存，但是做社群可以让你更好地生存。所以，社群化不是你想不想、要不要做的问题，而是时代发展、企业摆脱困境的一种更佳选择。下面我就从多个角度详细讲解为什么必须社群化（如图 2-1 所示）。

2.1.1 低敏感、碎片化时代的刚需

为什么我们要打造高感、高温、高能、高远、高尚的社群组织？因为低敏感和碎片化的时代已经到来。

1. 社群是低敏感时代的刚需

什么是低敏感时代？

简单来说，就是在今天这个产品过剩、信息过剩的时代，人们对任何事物都已经见怪不怪。

在我们小时候，如果在街上看到一个外国人，会觉得非常稀奇，一群小孩会在后面追着看很久。20 世纪 90 年代，我在经济上有了一点基础，当时买了任何新东西都能激动得几天睡不着，幸福感会持续很长一段时间。比如，在 1996 年，我买了人生中

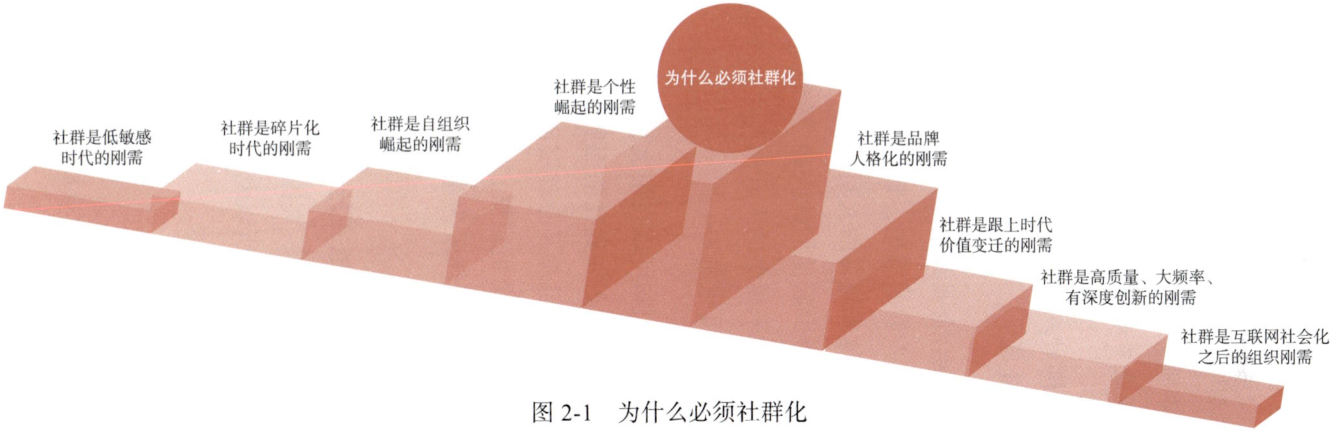

为什么必须社群化

- 社群是低敏感时代的刚需
- 社群是碎片化时代的刚需
- 社群是自组织崛起的刚需
- 社群是个性崛起的刚需
- 社群是品牌人格化的刚需
- 社群是跟上时代价值变迁的刚需
- 社群是高质量、大频率、有深度创新的刚需
- 社群是互联网社会化之后的组织刚需

图 2-1 为什么必须社群化

第一辆汽车——桑塔纳，这台汽车带给我的幸福感整整持续了 3 年。但是，如果你问今天的人买一台新车能带来多长时间的幸福感，我想答案可能是不超过 3 天。

虽然这只是一部分人的想法，但也从一个侧面反映出低敏感似乎已经在社会中蔓延。

那么，低敏感会给企业和组织带来哪些负面的影响呢？低敏感的蔓延不仅会改变人们的思想，最终也会改变人们的行动。受此影响，很可能会有越来越多的人对工作失去兴趣，因为很多新鲜好奇的事物都很难再引起他们的兴趣，何况本就相对枯燥的工作呢？当一个企业内越来越多的人开始产生这种思想，并付诸行动时，这个企业的结局可想而知。

但是，社群这个组织却可以在很大程度上减少低敏感对人的影响以及对组织的破坏。正如我在前面所说的，社群是一个基于热爱、价值观统一、心因共振（心理层面的共鸣与共情）的自动化聚合式社会组织。在这个组织里，人们热爱产品，热爱组织，热爱这种经营模式，一切以热爱为基础，自然会让低敏感的影响在这里化为无形。

所以，当社会不可避免地开始进入低敏感、低欲望的时代时，如果你不能拥有一个高感、高温、高能的社群组织，就无法打动人心，也无法引人关注。所以说，社群化是低敏感时代组织的必然选择。

2. 社群是碎片化时代的刚需

随着互联网的高速发展，信息碎片化时代已经来临。**所谓**

信息碎片化，是指人们通过网络媒体获取的信息与以往相比数量更加巨大而内容趋向分散。 也就是说，原本完整的信息被各种各样的分类分解成为一个个信息片段，从而使人们接收到的信息大多不全面，而且内在逻辑也大多不完整。更形象的解释是，如果把互联网上的信息比作子弹，我们每一个人都已经被打得千疮百孔。

信息碎片化首先会撕裂你的组织，让组织失去凝聚力，让所有在其中工作的人失去对组织的热爱。一个失去了成员热爱的组织，自然无法完成高效率的工作，也很难做出更大的业绩。同样的道理，社群的基于热爱、价值观统一等组织特性则可以在很大程度上抵御信息碎片化对组织的冲击。因此，在这个时代，如果不学会利用社群的凝聚力，你的组织便难逃被撕裂的厄运。

2.1.2 组织和个性崛起的刚需

1. 社群是自组织崛起的刚需

中国现有的很多超大型企业都诞生于20世纪八九十年代，抛开经营、管理、创新等因素不谈，处于改革开放爆发期的节点上，它们无疑获得了时代和市场红利。在今天，想要创造这种超大型组织已经是一件非常困难的事情了，而且许多大组织也正处于困境之中，因为它们已经很难再适应这个灵活且信息爆炸的时代。

此消彼长，在大组织陷入困境的同时，自组织正在不断崛起。自组织并不是一个新概念，它主要基于企业内部的员工视角,即化员工为企业的管理者、决策者甚至是拥有者。简单来说,自组织的特性就在于人与人的自由联合。而正如我在前面说的,随着信息技术代际的更迭,到了第10代,心联网即将到来。心联网到来之后,人与人的自由联合、心与心的自由联合都将变得非常容易,世界上会产生一种新的组织,这个组织中的所有人都拥有共同的价值观和共同的追求,而社群基本上具备了心联网时代的基本特征。

因此,在大组织陷入困境、自组织崛起的时代,你一定要给自己的组织增加社群的属性,这样才能保证组织的长久发展。

2. 社群是个性崛起的刚需

虽然我们身处一个科技、经济都高速发展的时代,但是相对于大时代的洪流,每一个个体却显得那么渺小。很多时候,依靠个体的力量,人们很难去改变什么。但难能可贵的是,很多人都拥有一颗奔腾的心,所以,虽然个体弱小,但个性已经崛起。

那么,随着个性的崛起,人们是不是不需要组织了呢?恰恰相反,这时候人们更需要组织,只不过需要的是一个包容性更强的组织,而社群正是这种组织。正如我在前面所说的,社群是一切人才、资源、价值的土壤,对于人才、资源以及价值,它都有着无限的包容性。而社群的这种包容性得益于它的开度。关于社群的开度,我会在后面的章节进行详细的阐述。

人们之所以想要一个包容性更强的组织,是因为人人都希望自己不受束缚,希望能有人理解自己的想法。在过去,管理学奉行的其实只有一个字,那就是"管"。但现在,如果你不懂得

"理",那就很难再去"管"。学会"理",懂得"理",如果不实行社群化,基本等于空谈。

3. 社群是品牌人格化的刚需

在品牌生命周期变得越来越短的今天,难道没有品牌能够长期存在吗?

当然不是。只不过,品牌的内涵已经变了,变成了人格化品牌。比如,今天我们说起阿里巴巴,脑海中首先浮现的 IP 一定是马云,说起华为首先想到的一定是任正非,说起小米首先想到的一定是雷军……这就是人格品牌化,也叫品牌人格化。

而在人格品牌崛起的时代,只有通过社群的方式,才能够最大限度地把你的人格资产变成企业资产。粉丝是社群经济的基础,正是因为拥有了大量的粉丝,社群才成为成本最低、效率最高的营销模式。而粉丝中的一个重要组成部分就是"人粉",简单来说就是因为喜欢企业的创始人或其他某个代表性人物转化而来的粉丝,比如前面说到的马云的粉丝、雷军的粉丝,基本上都是人粉。能够获得人粉,是源于人格魅力,这时人格资产自然就转化成了企业资产。

在后面的章节中,我会对人粉的内容进行详细阐述。

2.1.3 跟上时代价值观变迁的刚需

什么叫价值离散化?

举个简单的例子,现在很多年轻人买了一件新衣服,可能只穿几次就不会再穿，原因多半是面料过时了，款式过时了，或者就是单纯地追求更新、更潮流的设计。在年轻人看来，这是一种很正常的消费观念，但在很多老年人眼里这无异于在败家，因为在他们的传统价值观里，讲究的是新三年，旧三年，缝缝补补又三年。一件衣服只穿几次就被束之高阁，他们无论如何也无法接受和认同。

这就是价值离散化的一种很直观的体现。

那什么叫新价值回归呢？

举个例子。我们这个年纪的人，小时候一年到头也吃不上几回大米、白面，常年摆在餐桌上的大多是玉米面、高粱米等粗粮。所以当时大家都盼着过年过节，因为只有逢年过节才能吃上大米饭、白面饺子、白面馒头。

当时匮乏的不仅仅是细粮，零食对绝大多数孩子来说更是一年到头也不一定能吃上一回的奢侈品。而且当时的零食跟现在也没法比，一袋饼干、一盒蛋糕，就称得上是高级零食了，如果能吃上一回，可以让人幸福半年。

以前，人们最讨厌的就是玉米、高粱米等粗粮，最讨厌吃的就是自己家地里种的那几样蔬菜，但是现在粗粮已经成为养生保健的代名词，农家地里种的带着虫眼儿的蔬菜成了城市餐桌上的新贵。因为在现代人看来它们都是原生态的珍品。什么东西最有营养？非原生态莫属。

这就是新价值回归的一种很直观的体现。

当然，这样的例子数不胜数。

比如，小时候我们都不喜欢纯棉的衣服，为什么？因为越洗越短，原本一件长袖，洗着洗着就可能变成七分袖。那时候我们都喜欢一种叫的确良的衣服，谁要是穿着一件的确良衬衫走在街上，回头率必然百分之百。其实的确良就是一种化纤面料，贴身穿并不舒服。如今化纤面料早被大多数人抛弃，反倒是纯棉的服装，无论内衣还是外衣都已经成为很多人的穿衣首选。

这也是新价值回归的一种直观体现。

在这个时代，人们的价值观已经向东走了很远，可你的企业如果还在向西而行，那你说还能坚持多久呢？那么，如何才能跟上人类价值观变迁的脚步呢？做社群。因为社群最灵活、最有灵气、最有灵性。社群的灵活、灵气和灵性可以在很大程度上帮助你探寻时代发展的脉搏和气息，让你不至于走上弯路甚至歧途。

2.1.4 高质量创新和互联网社会化组织的刚需

1. 社群是高质量、大频率、有深度创新的刚需

创新要想成功，一要高质量，二要大频率，三要有深度。

怎么理解这三句话呢？

首先，创新有质量高低之分，低质量的创新很难成功，只有具备灵气、活力的高质量创新才能真正获得成效；其次，创新要增加频率，大量创新，小规模、低频率的创新往往收效甚微；最后，要创新，就要有翻天覆地的变化，有深度、有广度。

所以，千万不要觉得只要搞了创新就万事大吉，如果你的创新太浅、太少、太轻微，那就不能称之为高质量的创新，自然很难获得成效。如果想要战胜竞争对手，想要企业焕发新的生机，就必须进行高质量、高频率和有深度的创新。

正如我在前面所说，组织是创新的土壤。那么，现有的组织能够为高质量、大频率、有深度的创新创造条件吗？很难。组织僵硬化、板结化是许多企业的通病，在这些充满官僚主义和机械主义的组织里谈创新很可能会一事无成。而能够改变和对抗组织的僵硬化和板结化的正是具备"软组织＋心联网"这一特性的社群，所以要想进行这种创新，就必须以社群为根本，重新搭建你的组织。

2. 社群是互联网社会化之后的组织刚需

如今，互联网工具的使用成本越来越低，而且其中有许多工具都免费。比如，我们可以免费使用微信、支付宝等 App 付款，只有在涉及某些转账需求的时候才会被收取少量的佣金；钉钉的即时通信、考勤管理、人事管理、客户管理等服务项目都是免费使用的，只有涉及一些特殊的功能，比如大规模电话会议时才会收取一定的费用。相比之下，在 20 世纪 90 年代，我们使用的办公自动化（OA）设备不仅要几百万元一套，而且功能跟现在的钉钉根本无法相比。

那么，在互联网工具全面社会化的今天，当互联网承担了这些简单的、机械的、重复的劳动之后，你的组织刚需又是什么呢？我们常说，一个优秀的组织必须兼具硬实力和软实力。从这个层面上来说，互联网工具的普及化使用，在很大程度上让组织获得了硬实力。那么，让组织获得同样强大的软实力便成为组织的刚需。想要具备强大的软实力，就必须让组织变得更加有情怀，更加有灵气，更加尊重组织内每个个体的理想。而这一切，只有社群能做到，因为社群正是一个高温、高感、高能、高远、高尚的组织。

2.2 企业的新困境与社群的良方

什么是企业的新困境？

说到这个问题，我想请所有的读者都注意。造成这些发生在你身上、你朋友身上，很可能你还没有发现或者没有意识到的企业新困境的原因是地球巨变。所谓地球巨变，是指地球发生的两大变化：第一，危机常态化；第二，优势猝死。危机是常态存在的，而现有优势能维持的时间正在逐渐缩短。

在电影《流浪地球》的宣传海报上，曾出现这样几个短语：阈降熵增、非连续性、不确定性、如浪滔天。在我看来，这几个短语可以很形象地概括出地球巨变之下社会组织的常态问题。

所谓熵，就是分子热运动当中的不稳定现象；所谓阈，就是程度、界限和边界。一个组织之所以越来越不好管理，正是因为阈在降低，而熵在增加。这样说，或许很多人不太能理解，下面我来举几个简单的例子。

有一种白酒度数很高，喝起来非常辣，这时候，往里面加水就可以实现降度。那么，如果我在一杯水里滴进两滴酒，它能算是一杯酒吗？如果你说不是，但这里面确实有酒，只不过喝起来没有酒味而已。所以说，能够称之为酒，最重要的一点是必须达到一定的酒精浓度。这个酒精浓度我们就可以把它理解为阈，也就是说，当达到一定的阈值之后，你才能喝出酒味。

为什么在结婚的时候人们总是激情满满，可是却有很多人逃不过七年之痒？很大一部分原因是爱情的阈值已经降到了最低，熵却增加到了无限。

为什么一间屋子原本干净整齐，可是不论是否有人居住，十年之后都会变得陈旧无比。这就是自然界和社会科学界不变的规律：阈永远在降低，而熵一直在增加。如果没有创新，谁也无法打破这个规律。

非连续性是如今的宇宙第一法则，不确定性更是社会的常态，所以，阈降熵增、非连续性和不确定性这三件事正在不断摧毁你的组织，摧毁你的竞争力，正如波浪滔天，将要摧毁一切。在这种情况下，组织开始逐渐松散，社会彻底碎片化，经济动力也正在崩溃，一切满足基本需求的商品都在打价格战，满足精神追求的事物又很难把握住。在这样的大环境之下，企业自然不可避免地面临各种各样的困境，面对这些困境，谁又能拯救企业脱离苦海呢？下面，我就来给大家讲一讲，对于企业面临的新困境，社群究竟开出了怎样的良方，如图 2-2 所示。

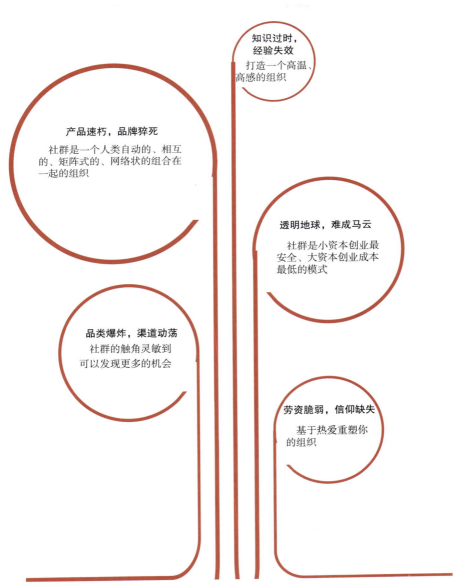

图 2-2　企业的新困境与社群的良方

2.2.1 产品速朽，品牌猝死

1. 产品速朽

企业面临的第一个困境就是产品速朽、品牌猝死。**什么是产品速朽？简单来说就是产品更新迭代的速度越来越快。**

蒸汽机发明之前，人类的所有产品几乎都有 2000 年的历史。到了工业社会，产品的寿命大幅缩减，平均只有 100 年。二战之后的工业时代，产品的寿命递减到 60 年。到了 21 世纪，产品寿命进一步缩短，有的产品寿命只有 5 年。

看到这里，或许有很多人不太相信，觉得我在夸大其词。那么，就请大家跟我来一起回忆一下。

对我那个年代的年轻人来说，当时最炫酷的电子产品并不是手机，而是寻呼机（BP 机）。BP 机"横行" 8 年之后，"主角"地位逐渐被后来居上的大哥大取代。腰挎 BP 机、手拿大哥大，在当时绝对是成功人士的专属形象。然而，大哥大"横行"的时间跟 BP 机差不多，也是 8 年左右。随后，以诺基亚为首的各种便携手机占领市场，但是，诺基亚也只风光了 14 年左右，便被智能手机取代。对于现在的 00 后、10 后来说，如果你问他们什么是 BP 机，什么是大哥大，他们中的绝大多数人可能都回答不上来，因为在他们出生之前，这些产品都已经消失不见了。

我刚开始知道数码相机的时候，简直日思夜想，盼望拥有一台。当时，市场上知名的数码相机大多来自德国和日本，比如德国的徕卡，日本的奥林巴斯、理光，等等，这些品牌各有所长，对于喜欢摄影的人来说无不具有强大的诱惑力。可是，到了今天，还有人买数码相机吗？很少了，因为我们现在用的手机的像素比很多数码相机还要高。当然，对于真正爱好摄影或者以摄影为生的人来说，单反相机还是他们的首选和最爱。但是，随着各大手机品牌的不断创新，能够拍出单反效果的手机总有一天会被研制出来，到时候，单反相机的江湖地位很可能也会变得岌岌可危。

科技不断发展，经济社会不断前行，只靠一款产品就可以长久生存的企业很难再出现。这就是产品速朽的真实体现。

2. 品牌猝死

伴随着产品速朽一起到来的，是品牌的猝死。**什么是品牌猝死？简单来说，就是品牌倒闭的速度越来越快。**

看到这，或许又有人觉得我是在危言耸听。不要着急，所有现象都有实例为证。

有一次，我儿子回国之后在家里洗澡。洗到一半他在浴室里大声问我有没有洗发水，我跟他说："那么大一瓶××洗发水摆在那，你没看见吗？"结果他半开玩笑地回了我一句："那是人类用的吗？"我说："怎么不是人类用的，我天天都在用。"而且我还告诉他我年轻的时候，只有跟女孩约会的时候才舍得用这个牌子的洗发水，平时用的都是更便宜的洗头膏。结果，隔着浴室门，我都能感觉到他给了我一个大白眼儿。

原本在国内洗发市场领域内神一般存在的××洗发水，现在在年轻人眼里已经变成了"老古董"。取而代之的是层出不穷、更新迭代的新品牌，面对这些新品牌，不要说我们这样的中年人，很多年轻人都会感到新奇，因为有很多他们也从来没见过。

在这个大背景之下，很多产品和品牌的优势都难以长期保持。换句话说就是，公司的底层基础已经开始受到威胁。在这种情况下，社群在经济生产中的作用越来越凸显。社群是一个人类自动、相互、矩阵式、网络状组合在一起的组织，这个组织能够实现更大规模、更快速、更高效而且成本更低的协作。因此，社群是帮助企业进行自动化创新、应对产品速朽和品牌猝死的必需。

2.2.2 品类爆炸，渠道动荡

在产品速朽和品牌猝死的环境下，雪上加霜的是，品类爆炸和渠道动荡相继而来。

1. 品类爆炸

什么叫品类爆炸？举几个简单的例子大家就明白了。

在我小的时候，也就是20世纪80年代，能喝到的饮料品种很有限，甚至可以说只有一种，那就是汽水。但是今天我们能喝到的饮料有多少种呢？矿泉水、纯净水、碳酸饮料、功能饮料、果汁、凉茶、奶茶、酸奶、盐水、苏打水、咖啡……而且这些只是大类，在这些大类下面还细分了很多小的品类。以碳酸饮料为例，里面又细分为高糖的、低糖的、无糖的、可乐型、非可乐型，等等。

这就是品类爆炸很直观的一些体现。所以，简单来说，品类爆炸就是商品品类数量正在以高倍速实现增长。我们的商品种类在改革开放 40 年之后，已经呈现出了几何式的增长和更新。据不完全统计，20 世纪 90 年代初，中国商品大类为 3000 类，2000 年这一数字增长到 2 万，2012 年这一数字飙升到 11 万，截止到 2020 年，中国商品大类已经到了 16 万类。

其实，从企业发展的角度来分析，商品品类的分化和爆炸是一种难得的机遇，因为只要能够在一个细小的类别里做到很出色，就可以让企业站稳脚跟。但同时，这也是一种挑战，如果你的产品生命力不顽强，你所属的这个类别可能很快就被整体淘汰。

所以，在这个品类爆炸的时代，想要更快找到好的品类，就需要拥有灵敏触角的社群来帮忙。社群的触角之所以灵敏到可以发现更多的机会，是因为"灵"正是社群的一个本质特征。正如前面所说的，"灵"指的是思维的灵敏、语言文字和行动力的灵敏以及商业模式的灵敏。在这些方面的灵敏、开化及富有想象力，自然造就了社群的灵敏触角。

2. 渠道动荡

品类爆炸的同时，渠道的动荡接踵而来。

今天，无论你做什么生意，无论你的渠道是京东、天猫、唯品会、拼多多，还是有赞、微商、O2O，都应该对社群有所关注，因为社群是一种迅速崛起的新型渠道。

过去做生意，很多人都奉行"一招鲜，吃遍天"，但这种模式在今天各种渠道都被挤压的背景下已经很难再被成功复制了。向左走，互联网流量已经变成了新贵，贵到很多企业都用不起的地步；向右走，很多人开始寻求定位、战略咨询，可是这种传统打法过于单一，而且不接地气。

所以，在今天这个所有需要卖货的渠道都开始被社群挤压的时候，你的企业如果不进行社群化的变革，还会有更好的出路吗？

2.2.3 知识过时，经验失效

过去经营企业，常规的做法基本是请咨询公司做后盾，奉行的是"学习+咨询"的模式。但实际效果却并不理想，很多企业对所学知识和经验理解得不深不透，而且这种模式需要投入大量成本。还有的企业只学习、不咨询，虽然可以有效控制投入成本，但学到的东西大多又空又虚，很难落地。

与学不到真正有用的知识和经验相比，更严重的一种情况是，有很多曾经对我们来说很有用的知识和经验，已经逐渐被今天高度专业化的分工拆解得支离破碎。而且，我们原来所熟悉的关系经济、权贵经济、潜规则经济以及官场经济等经济模式也都已经统统失灵。

当原有的知识和经验开始逐渐过时、失效时，当新知识和经验的获得变得越来越难时，企业的发展必然会陷入很多困境当中。与外部遭遇很多困境和挑战相呼应的是，企业内部也难免受到影响，组织很可能会变得越来越低温、低感，员工也很可能会失去工作积极性。这时候，唯有对组织进行社群化变革，打造一个高温、高感，而且全员对企业和工作都充满热爱的社群组织，才是企业的最好出路。

2.2.4　透明地球，难成马云

1. 透明地球

什么叫透明地球？简单来说，就是今天的信息几乎已经实现了全透明化，供需已经无差。

过去做生意，在信息的获取上，商家总要比消费者高一级，因为信息的不对称是销售成功的一个重要原因。但是现在的商家已经很难在信息获取上占到优势了，因为我们已经进入一个信息爆炸的时代，获取信息的渠道数不胜数，信息的获取也已经变得易如反掌。

举个简单的例子。大家知道现在的线下服装店最痛恨的是什么吗？那就是，虽然每天会迎来很多顾客，但是其中有很大一部分顾客只试不买，而且每次都试很多件，一边试还一边拍照。其实店员心里都明白，这些顾客试衣、拍照，都是为了上网比价。

不知道从什么时候开始，线下服装店已经变成了电商线上店的试衣间。很多顾客来到线下店面，很快就会发现这家店的服装全不全，最新款的服装是否已经上架。信息透明化，可以让大家通过企业官网或其他途径了解到有关品牌和产品的详细信息。

这就是透明地球最简单、最典型的真实现象。在透明地球的冲击下，很多企业的营销和发展都面临巨大的压力，这时候社群所承载的营销模式的优势便凸显出来。正如我在前面说的那样，社群是成本最低、效率最高的营销模式，之所以这样说，是因为社群拥有一大批粉丝，这其中还有很多"死党"粉丝。这些"死党"粉丝不仅是产品和品牌的忠实拥趸，而且在关键时刻还有可能化身为与企业同舟共济的合作伙伴，与企业共谋未来。

2. 难成马云

从互联网兴起到今天，中国经济领域出现了多个超大型互联网企业，马云、马化腾、刘强东、雷军、张一鸣，这些互联网大佬们每一个都是新生代企业家的标杆，很多人都梦想着成为下一个马云，下一个雷军。但现实是，这绝对是一个极小概率的事件，99.9%的企业家成为不了马云，也成为不了雷军。

阿里巴巴、京东、腾讯这些互联网企业的成功，在很大程度上依靠的是强大的互联网根基和时代发展的机遇。然而在今天，互联网红利的窗口已经慢慢关闭，那个时代所独有的机遇也已经消失，面对这种情况，即使让马云重新再干一回，他也很难成为他自己。

那么是不是说，没能抓住互联网红利的时间窗口就很难再成功创业了呢？

当然不是。

我们很难再有机会成为马云或雷军，但是却依然可以利用创业来实现人生的成功。这时候，作为小资本创业的最安全模式以及大资本创业的低成本模式，社群便成为创业的首选。之所以说社群是小资本创业的最安全模式，是因为社群可以做到零广告、零公关、零经费的运营，即使失败，也有粉丝这一强大的支撑力量作为试错的资本。之所以说社群是大资本创业的低成本模式，是因为社群是基于粉丝的热爱组建而成的。所以，在这个组织里，人与人沟通的成本更低，一件事被贯彻执行的成本更低，大家齐心协力，发挥各自所长，自然可以在一定程度上让创业的风险降到更低。

众所周知，90后已经成为职场上的一支生力军，在各个行业发挥着他们的光和热。他们大多充满活力和创造力，但是跟职场上的80后和70后相比，他们也更难管理。这是因为成长的环境和时代背景不同，相比于80后和70后，90后更崇尚自由与个性。

比如，一些90后员工没有权威意识，他们不会把老板当成导师或偶像来崇拜；一些90后员工会奉行"一切都要以开心为前提"；还有一些90后员工对升职加薪并没有太多想法，似乎缺乏上进心，觉得自己目前的状态已经很好……

虽然这一部分90后员工的想法和状态不能代表整个90后群体，但也从一个侧面说明了现代年轻人的思想真的很难捉摸，管理起来也更难。

所以，如果你不能基于热爱重塑你的组织，很可能就会付出越来越多的管理成本。

| 第 3 章 | CHAPTER

人、认、价：粉丝通过认知实现价值

人、认、价，说的就是粉丝盈余、认知盈余和价值盈余。

人即粉丝，粉丝盈余就是要利用物粉、人粉、事粉和圈粉四个维度获得更多的粉丝，这样社群才有机会变得强大，因为粉丝是社群的基本内容。

认知盈余就是通过打造物理认知、心理认知以及未来认知的盈余，把产品的价值、优势、卖点、特色，甚至是文化，用强认知的方式告诉粉丝。

价值盈余就是通过打造物理价值、心理价值以及未来价值的盈余，让你的粉丝获得明确的价值主张。

3.1 粉丝盈余

人认价，其中人就是指粉丝。不同的时代，体现实力的方式各有不同。比如，战争年代看的是兵力强弱，农耕时代要看土地是否宽广，而今天的互联网经济看的则是粉丝的多少。互联网经济的本质就是粉丝经济，这是一个早已经被印证的事实。

3.1.1 粉丝：社群经济的基础和载体

粉丝是社群经济的重要基础和载体。

从这个角度来看，社群经济与粉丝经济有着异曲同工之妙。说到粉丝经济，小米自然是绕不开的话题。

小米集团2019年年底发布的财报显示，小米集团2019年全年营收达到了2058亿元。对小米来说，这称得上是一个小的高光时刻，因为这是小米第一次全年营收超过2000亿元，而这距离其总营收超过1000亿元仅过去两年时间。

小米跨过千亿门槛用了7年时间，与这一成绩相比，其他互联网巨头逊色不少：苹果用了20年，Facebook用了12年，Google用了9年，阿里巴巴和腾讯都用了17年，华为用了21年。

众所周知，小米成功的很大一部分原因就是创造了独具特色的"粉丝文化"。通过吸引和经营粉丝，小米成功地走进用户的需求链，契合了他们的生活方式，并持续在粉丝身上进行着流量变现。那么，小米是如何吸引粉丝，并成功把粉丝变成"死忠粉",最终获得流量变现的呢?

第一步,用品质留住"发烧友"

小米手机圈定的第一批粉丝就是手机发烧友。这类人群的特点就是可以很快接受新事物,同时对智能手机的价格又比较敏感。所以,"高配置、低价格"的小米手机恰好满足了他们的需求。就这样,小米手机在明确了用户来源的基础上,又通过推出高性价比的产品,成功吸引了第一批用户。

第二步,激发用户活跃度,提高粉丝转化率

为了留住第一批用户,小米开始通过线上线下的一系列活动,不断激发用户的活跃度。小米的线下活动丰富精彩,其中最具代表性的就是"爆米花"活动,即用户见面会。另外,小米还效仿车友会的模式,为手机发烧友搭建起一个可以相互交流的平台。无论是举办"爆米花"活动还是为手机发烧友搭建交流平台,目的都是给用户提供一个展示自我、认识朋友、相互交流的机会。通过这些活动,大大提升用户的"参与感",进而让更多用户转变成粉丝。

第三步,不断创造"死忠粉"

要想为产品创造出"死忠粉",一个重要的条件就是要有大量的粉丝,以便从中进行优选。而很多人是通过朋友推荐成为小米手机用户的。也就是说,很多米粉都会把小米手机推荐给身边的亲戚、同事、朋友,这便为增加粉丝数量、从中进行优选"死忠粉"创造了非常好的条件。

第四步，走进用户的需求链

手机只是小米打开用户家门的"敲门砖"，接下来，小米通过技术研发，开始一步一步完善自己的产品链：小米充电宝、小米路由器、小米蓝牙耳机、小米电视盒子、小米电视、小米冰箱、小米电饭煲、小米空气净化器、小米平衡车……小米的智能家电已经基本覆盖人们生活中的所有必需品。同时，小米的智能家居产品也开始不断上线，与智能家电一起为用户打造出更加舒适的生活环境。

就这样，小米已经一步步用不同的产品走进用户的需求链，成功契合了他们的生活方式。

第五步，搭建虚拟社区

互联网经济时代，营销的核心在于构建企业与用户之间的联系，小米自然深谙此道，于是成功搭建起一个企业与用户紧密联系的高黏性虚拟社区。在这个社区里，米粉们充分展示了购买力。其实从本质上说，虚拟社区就是一个粉丝社群，追求的是粉丝流量的变现。因此，小米始终在不遗余力地通过各种方式吸引米粉们的注意力，持续影响他们的生活。

小米的成功不是一个公司的故事，而是展现了一个新的生存法则，一个用互联网思维改造传统企业的全新玩法。在这个全新的营销模式当中，粉丝是其中的重要基础和载体。

而对于做社群来说，有粉丝还远远不够，必须要产生大量的粉丝。如果粉丝达不到盈余的程度，社群就无法成长，因为粉丝是社群的基本材料。因此，在社群经济当中，要把你的消费者变成粉丝；你的员工最好也能从粉丝中产生，如果是招聘来的员工，那就一定要让他爱上这份工作，爱上这家公司，变成你的粉丝。

或许有人会说，互联网红利期的时间窗口早已经关闭，小米的成功并不是谁都可以复制的。那么在这种情况下，我们又该怎样获得大量粉丝呢？在我看来，想要获得粉丝并不难，关键问题就在于要分清粉丝的类型，然后再根据粉丝的不同类型采用最适当的获得方式。一般来说，粉丝可以分为4种，分别是物粉、人粉、事粉和圈粉，如图3-1所示。

图 3-1　粉丝的 4 个种类

3.1.2　物粉：为产品打造粉丝，让产品自动营销

简单来说，*物粉就是产品的粉丝*。酣客的物粉，大都是为尖物实价、敦厚靠谱的酣客酱酒而来。酣客酱酒敢于跟茅台 PK，而且酣客走的也不是中国酒业走的传统营销之路，我们奉行的是价值回归策略。所以，爱喝酣客酱酒的人是酣客最重要的粉丝。

物粉是 4 种粉丝中最牢靠的，大多数企业的社群经济都是以物粉为核心，也就是说，只要你能打造出一款成功的产品，就自然可以吸引到粉丝。针对如何打造吸引粉丝的产品，让产品自己把自己卖出去，我总结了11条原则，如图3-2所示。

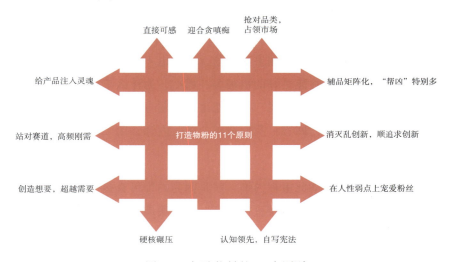

图 3-2　打造物粉的 11 个原则

1. 给产品注入灵魂

给产品注入灵魂，就是给产品注入伦理。

什么是伦理？简单来说，伦理就是道理+道德。从这个层面上来说，互联网经济的本质就是伦理经济。如果你的产品品质不过关，就等于违背了伦理，那么不要说吸引粉丝，很可能生存都会有问题。所以，打造物粉首要的一点，也是最重要的一点，就是要为产品注入以高品质为基础的伦理。关于伦理的问题在后面会有详细的阐述，大家可以到第4章去深入了解，在这里不再赘述。

2. 直接可感

直接可感，简单来说就是一个产品，可以让人很直观地感受到它的优点和品质。举个例子，很多人都说丰田是全世界最会造车的企业，但是丰田的车到底好在什么地方呢？如果说发动机，丰田应该不是最好的；如果说底盘，丰田也不敢称第一；如果说变速箱，比丰田性能更好的也很多。那么，为什么丰田会被很多人称为最会造车的企业呢？如果把这个问题直接抛给丰田，那么丰田人一定会这样回答：我们造车，第一内饰，第二内饰，第三内饰。

丰田之所以如此重视内饰，就是因为内饰可直接感知。发动机性能再好，消费者很难直接感知；变速箱质量再高，消费者也很难直接感知。只有内饰，可以直接感知。

酣客酱酒在直接可感方面做得就非常到位。我们在酒的包装箱上印的那些标语，比如空杯留香超过 24 小时，不添加一滴水一滴香精，点着或加水之后会浊变等，这些都是消费者可以直接感知的。酣客酒瓶的极简风格、可以承受 6 个人体重的纸箱等等，这些也都是消费者可以直接感知的。所以，产品有价值是基础，可以让消费者直接感知到的价值更重要。

3. 创造想要，超越需要

创造想要，超越需要，这个很好理解。举个例子。女孩子大多喜欢逛街，而且多数情况下并不是因为有什么直接的需要才去逛街，就是想去看看自己应该需要些什么。所以，创造想要比满足需要重要得多。

以酣客公社的"四大天王"为例,如图3-3所示。其中,"国民酱酒酣客标准版"就是给喜欢喝酱酒,希望获得极致享受的"酒鬼"打造的;"酣客喜庆酒",直奔主题,面向婚礼等喜庆的活动;"艺术酱酒酣客半月坛"就是专门为艺术家和喜欢绘画的消费者设计的;"珍稀酱酒酣客家藏"就是专门提供给酒品收藏爱好者的。

图3-3 酣客"四大天王"

所以,产品的"想要点"必须要多,这样才能刺激消费者的右脑,激起更强烈的购买欲。

4. 硬核碾压

所谓硬核,直白点说就是质量比别人的好。

比如,酣客酱酒用的包装材料和缓冲材料都是符合国际标准的环保材料,全部达到了GB4806标准,这就是真正的功底和实力。比如,酣客玻璃酒瓶的合作企业是业内知名大厂四川江龙,他们生产出来的瓶子的光洁度就是高，手感就是好。比如，在与瓶盖配套的铝撕口这个细节上，我们也做足了功夫。太薄容易漏酒，太厚又很可能会拧不开，所以必须用最好的铝原料，还要用最先进的制作工艺，才能做出薄厚适合、强度适合的铝撕口。再比如，我们的乳玻瓶获得了方圆标志认证，我们连纸浆托都是环保材料，这些原料我们敢和所有同行企业相比较。另外，我们在工厂数量、基酒数量、窖池数量、曲房数量、产业规模等方面也全部达到了行业硬核标准，也就是说，酣客各方面实实在在地比别人强，扎扎实实地比别人强，创造标准高于国标，引领行业。

5. 迎合贪嗔痴

伟大产品和极致产品的根到底在哪里？很简单，在于"人性＋人文"，即人性的深刻洞察再加上极致的人文关怀，这也正是酣客产品根基的核心。

"贪嗔痴"是佛教中人性的3个弱点。所谓贪，就是要求东西又好、价格又低，追求的是极致的性价比；所谓嗔，就是要求产品必须要有极致的颜值；所谓痴，就是上瘾、迷恋加热爱。所有人都战胜不了贪嗔痴。

那么，我们应该怎样满足贪嗔痴呢？前面我也提到过，满足需要，不如创造想要，创造想要就等于创造贪嗔痴。怎么做到呢？答案就是极致品质加上符合未来的设计。唯有未来设计，才能设计未来。

酣客的酣享酒杯套装就是非常典型的打造贪嗔痴的产品，如图3-4所示。中国历史上的酒文化曾经非常高级，现在在很多博物馆里我们都能看到古代的很多酒器。但是，到了现代，酒文化却在一点点消失，人们对酒杯也不再有追求。那么，怎样才能让中国白酒重新感动世界呢？一是通过酒本身，二就是通过器皿。所以我们创造出了酣享酒杯套装，套装内包括一只分酒器、一只活瓷握杯、一只酣宠、两只闻香杯以及四只酒杯。套装内的产品遵循的都是天圆地方的设计理念，造型优美，精工细作，实用性暂且不谈，只看外观就足以让人眼前一亮。

图 3-4　酣客酣享酒杯套装

所以，想要满足人性的贪嗔痴，就必须让产品达到极致性价比和极致颜值，同时还要让人上瘾、迷恋加热爱，这样产品的根才能显现出来。

6. 消灭乱创新，顺追求创新

无论在任何时候，创新都是社会、经济以及世界发展的重要基础和条件。不过，虽然我们需要创新，但同时也要拒绝乱创新，即消灭头脑发热引发的一些伪创新。

那么什么是真正的有价值的创新呢？有一点特别重要，那就是不只要创造产品，还要敢于创造新物种。比如说，酒宠就是酣客打造的一个新物种，比如骨瓷的随身酒壶也是酣客打造的一个新物种，如图3-5所示，等等。

图3-5　酣客骨瓷酒壶

为未来而生，创造新物种，这就是让产品增加粉丝的一个重要方法。

7. 辅品矩阵化，"帮凶"特别多

如何让产品变成生活方式？如何确保产品能在未来20年内不断复购？这很大程度上依靠的就是辅品的价值。酣客公社的辅品数不胜数，直接辅品就是酣享酒杯套装；间接辅品包括拉杆箱、双肩包、上衣、防晒服等；精神辅品包括企业家生态大学、酣客节、国际游学、酣客研究院等。巨大的辅品矩阵，给酣客增加了大量的话题和引流机会。

或许有人会说，社群这样做就是在搞多元化，很可能会因此得不偿失。但在我看来，做辅品和多元化是有区别的，辅品是为了更好地回馈消费者。比如酣客是一个酒品牌，但我们的很多辅品的品质却堪比奢侈品，不单独销售，只给粉丝搭售。之所以这样做，原因很简单，那就是在打造极致的主品同时，还要利用多种多样的辅品给粉丝带来极致的享受和极致的人文关怀。

8. 在人性弱点上宠爱粉丝

贪婪、痴迷、占有、虚荣、自私，这些都是人性的弱点。那么如何做到在人性的弱点上宠爱粉丝呢？

人对美丽的东西都会生出贪婪之心，所以我们就要创造出美的东西，让人心动，满足人们的这种贪婪之心。所以，从这个层面上来看，**未来产品的第一竞争力不是品质，而是设计**。酣客在工业设计的基础上打造出了多款具有超高颜值的产品。

无印良品是日本一个非常有名的杂货品牌，他们首创了全球第一款拉绳CD机，播放音乐不用再按开关，一拉绳就可以。我们这个年纪的人，应该都经历过没有电灯开关的那个年代，当时开灯需要拉灯绳。这种设计，体现了产品纯朴、简洁的理念，很容易就吸引了经历过那个年代的人，同时激起了很多没见过拉绳的年轻人的兴趣。这种淳朴、简洁就是一种美，所以我们的工业设计一定要创造美，然后让人心动。

所以，成功的背后都有人性，产品不裹挟人性便很难成功。

9. 认知领先，自写规则

所谓认知领先，自写规则，就是提升自己的认知，自己来定规则。

比如，酣客将中国白酒的旧理论进行了升级，用餐桌的验酒游戏让老酒鬼变成真专家。具体来说，白酒封测是酣客首创，拉酒线是酣客首创，看酒花是酣客首创，酒的水检法和火检法也是酣客首创，酣客酒窖这种老酒友的聚集地依然是酣客的首创，专业酱酒博物馆还是酣客的首创。

另外，其他品牌都是大酒在谈年份，谈历史；小酒只谈感觉，谈口味。但我们倒过来，小酒也开始谈年份，即使年份是2020年，小酒也开始谈历史、谈文化，因为我们的酒有品质作为底气和保障。这些都是在认知上的领先，认知领先，产品才能领先，产品领先，才有资格重新定义市场。

10. 抢对品类，占领市场

前面我就曾提到过，现在是一个品类爆炸的时代，所以，现在的产品都被迫开始了品类之战。如果能够抢对品类，在品类上占得先机，就有机会在市场中占得一席之地。

比如，当所有的洗发水都在洗头发这件事上大做文章的时候，只有滋源说：你洗过头发，但是你洗过头皮吗？头皮健康，头发才健康。作为第一款无硅油头皮护理品牌，滋源依靠抢对品类成功突出洗发水市场的重围。

酣客的每一款酒都开拓了一个新品类。比如，标版酣客酱酒的口号是"老酒鬼的口粮酒",如图3-6所示;半月坛酣客酱酒的口号是"艺术酱香酒",如图3-7所示;试管版酣客酱酒的口号是"未来的酱酒",如图3-8所示;随身版酣客酱酒的口号是"人生处处,皆可酣畅",如图3-9所示;骨瓷版酣客酱酒的口号是"稀世珍品,限量收藏",如图3-10所示。

图3-6　标版酣客酱酒的口号:老酒鬼的口粮酒

图3-7　半月坛酣客酱酒的口号:艺术酱香酒

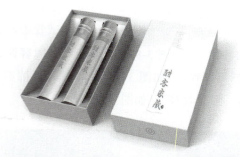

图 3-8　试管版酣客酱酒的口号：未来的酱酒

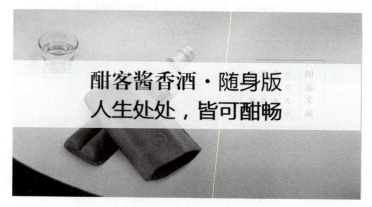

图 3-9　随身版酣客酱酒的口号：人生处处，皆可酣畅

所以，只有每一个产品都切中了一个品类，才能够成功甩开竞争对手，创造新的垄断。

11. 站对赛道，高频刚需

为什么我们要为便利店渠道打造一款真正的小酒呢？刚需。此前我们经过市场调查，发现吃晚饭的时候，很多中国人都想喝一口酒。什么叫刚需？如果说高频是粉丝经济的生命，那么刚需就是粉丝经济的土壤。

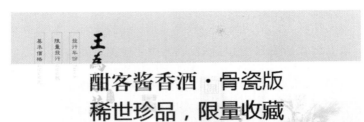

图3-10 骨瓷版酣客酱酒的口号：稀世珍品，限量收藏

酣客创造了中国白酒产业的一个原理，就是酱酒领域的特点：肥、大、简、远、根。

"肥"是指白酒的利润很高。

"大"是指白酒市场很大，因为酒是高频刚需，可以实现不断复购，而且可以长久保存，年头越老越香、越值钱。

"简"是指营销流程以及库存简单，销售酒类是一种轻服务，不用安装多余的设备，所有的库存都是资产。

"远"是指销售长远，存量永续。

"根"是指喝酒人很可能就是卖酒人，卖酒人就是酣客的主人。

那么，具体来说酣客都适合哪类人群创业呢？第一类就是希望事业再次崛起的中年企业家、生意人；第二类就是不甘堕落的有追求的中年人；第三类就是不迫切赚小钱，而是目光长远要赚新未来的年轻人；第四类就是敦厚靠谱、信仰奋斗、勤奋务实的人；第五类就是跟不上互联网发展的中年精英。

具体来说，酣客所做的就是帮助中年人布局后半生的酣客云。所谓酣客云，就是指中年人后半生的"三生圈"：生意圈、生态圈、生活圈。那么酣客云有多大呢？其中生意圈要实现每位粉丝20年的稳定复购，生态圈要实现链接所有生意事业孵化器，生活圈要打通所有的学习、娱乐和社交场景。

所以，酣客不是酒，而是一个新赛道上的新物种。

打造物粉说简单也简单，只要产品品质过关，自然会有物粉为你而来；但打造物粉说难也难，因为产品的高品质不仅是指物理品质，这只是基础，同时还需要产品具备更多维度的属性，比如要有灵魂、能够迎合人类的贪嗔痴、高质量的辅品特别多、认知领先、站对赛道等。只有具备了这些属性的产品才能真正实现用物圈粉。

3.1.3 人粉：满足需求，不如满足追求

简单来说，**人粉就是为企业中的某个人而来的粉丝，这个人大多是企业的创始人和领导者**。每个人都可能有粉丝，其中最常见的粉丝就是影视明星、体育明星等公众人物的粉丝。但是，到了今天，粉丝已经不再是明星们的专属，很多行业的人都开始拥

有自己的粉丝，做企业的人也不例外。中国好多互联网大佬都有一群忠实的粉丝，其中最有代表性的人物当属阿里巴巴的创始人马云。

马云的创业经历、商业眼光和人格魅力一直影响着年轻创业者，他的粉丝也非常多。虽然马云在2019年9月已经正式退休，但是他的一举一动却依然备受媒体、网友以及粉丝们的关注。截止到2020年3月，马云微博的粉丝数量已经达到2562万，他的受欢迎程度可见一斑。

马云之所以收获了这么多粉丝，最主要的原因就是他在商业上的成功，以及他特有的人格魅力。如果想要获得人粉，就要为企业领导人树立积极正向的人设，让他成为大众偶像。那么，如何做偶像，又如何用偶像的身份来吸引粉丝呢？吸引人粉最简单的方法就是想办法吸引人的眼球。但是，通过这种方法吸引来的粉丝大多很脆弱，新鲜劲过去之后，他们很可能就会脱粉。所以，这种方法虽然很容易获得粉丝，但失去粉丝的概率也相对比较大。那么，更靠谱的创造人粉的方法是什么呢？如图3-11所示。

1. 心因捕捉

每个人都有追求，这些追求就构成了心因，也就是说，人做任何事情都有一个内心的原因。心因就像一片云，捕捉到这片云，通过社会性的心因聚集，就可以让你捕捉到粉丝。

比如，海底捞抓住了人们的什么心因呢？消费者都希望享受周到的服务，而在海底捞，人们可以享受到超过预期的高级服务。所以，海底捞就是抓住了人们渴望被服务的心因。

图3-11 创造人粉的4个方法

再比如，足力健老人鞋抓住了人们的什么心因呢？绝大多数儿女都很孝顺父母，也都希望父母能够健康平安，但是他们却大多没有太多时间陪伴在父母身边，也照顾不了那么周到。所以，他们只能关心一些核心的问题，比如老人怕摔倒，所有儿女都很担心这件事，而足力健老人鞋安全、防滑这一功能正好有效避免了这个核心问题的发生。所以，足力健抓住的是天下儿女都希望父母健康安全的这个心因。

那么酣客抓住了人们的什么心因呢？很多人到了中年之后都感觉精神空虚，后半生开始走下坡路，而喝酣客酱酒、做酣客人，却可以获得身体和精神的双重享受，也可以在后半生打造更精彩的事业。

2. 伦理迎合

如果说心因是一片云，那么伦理就是一阵飓风。如果迎合了大众的伦理，再小的人物也可以一夜之间火遍全网；如果违背了大众的伦理，再大牌的人物也可能一夜倒台。所以说，只要迎合了人们内心的伦理，你的人设就会变得高大，个人魅力也会暴涨，粉丝自然会因此聚集。

那么酣客迎合的伦理是什么？迎合的正是人们内心渴望的敦厚靠谱、尖物实价，同时让中年人后半生精神不空虚。

3. 需求惊喜

很多人都说我有偶像气质，说我口才好，所以才会有粉丝。但我并不这么认为，我觉得是因为我讲心因、顺伦理，给粉丝制造了惊喜，所以才获得了粉丝。那么酣客都为粉丝制造了哪些惊喜呢？在别人家买酒就是买酒，谁规定必须给顾客一件新衣服呢？我们酣客给；谁规定必须给顾客一套上好的酒杯呢？我们酣客给。所以，需求不能低维满足，要高维满足。低维满足就只是满足需求，高维的满足才能创造惊喜，而创造惊喜才能吸引粉丝。

举一个例子，中国崛起速度最快的农药品牌叫作绿业元，如今它的市场占有率比曾经的全世界前三名加在一起还高。那么绿业元给消费者带来了哪些需求上的惊喜呢？那就是高产。两块农田，一块选择绿业元，一块选择其他品牌，选择绿业元的农田粮食亩产就是高。

那么酣客创造了什么需求惊喜呢？与大牌酱香白酒对比，酣客在口味上毫不逊色，这是大多数人在品尝比较之后做出的选择。但是，同样的品质，我们只需要大牌白酒 1/6 的价格。这就是酣客创造的需求的惊喜，如此高的性价比，又何愁没有粉丝呢？

4. 满足追求

需求要高维满足，追求要迎变。

举个例子。全乐是杭州一个高端中餐连锁品牌，客单价都在1000元以上。为什么全乐在杭州能获得成功？很简单，全乐的餐馆要么在西湖边，要么在西溪边，要么在湘湖边，总之，全乐的餐馆全部分布在杭州最美的地方。而且，餐馆包厢的布置十分高雅，古香古色，在里面吃饭，对食客来说是一种莫大的享受。所以，到全乐吃饭，吃的不是需求，而是满足追求。

再举个例子。巴奴火锅满足了人们什么样的追求呢？那就是吃货们对极致口味的追求。巴奴有自己的中央厨房和配料加工厂，他们不跟海底捞拼服务，就拼食材的口味和口感。

所以，当你的产品能够满足消费者内心追求的时候，离俘获他们的心就不会太远了，因为跟满足需求相比，满足追求更能打动他们。

3.1.4 事粉：经营好一件事，让粉丝为事而来

看到这，或许有人会说，我没有那么大的个人魅力，我也打造不出来那么伟大的产品，那我该怎么获得粉丝呢？别着急，可以让事粉来帮你的忙。

所谓事粉，简单来说就是很多人会因为共同喜欢一件事而

聚到一起，比如一起钓鱼、一起打高尔夫、一起做美甲等。这时候，谁能够给这群人提供平台和条件，同时提供周到、细致的服务，这群人就会成为谁的粉丝。很多钓鱼俱乐部、高尔夫俱乐部、美甲店正是因此而获得了成功。所以，经营好一件事，这件事就会为你带来粉丝。那么，具体来说，事粉要如何创造呢？如图 3-12 所示。

图 3-12　创造事粉的 3 个方法

1. 造大事

如果你想用事儿来吸引粉丝，大事小事，首选大事。没有大事，你的粉丝增长速度会很慢，来了之后热情也不高。

举个例子。在酣客什么叫大事？在很多粉丝心中，每年一度的全国酣客节比过年都重要，酣客生态大学比长江商学院、中欧商学院更有价值。这些活动都是酣客的大事。

再举个例子。哈雷摩托是全世界最贵的摩托，那么它们是如何吸引粉丝的呢？哈雷摩托会举办一个游骑活动，不是骑摩托去办什么大事，骑摩托本身就是一件大事。

所以，造大事才会有大规模的粉丝。

2. 植常事

所谓植常事，就是把你的产品或服务植入日常琐事，创造一些消费者离不了的事。以酣客为例，出国旅游是很多人的日常行为，一年总要出去一次。参加酣客的国际游学，不仅可以旅游，还可以享受很多做游客享受不到的乐趣，见识很多做游客见识不到的风土人情。所以，酣客的国际游学便吸引了大量的酣亲踊跃参加。

植常事的例子有很多。比如，每逢过年过节可口可乐总会应时推出新的广告。因为可口可乐要把自己跟春节的团聚、孝敬老人、关爱家庭、年轻人运动结合在一起。这也是植常事的体现。

3. 染小事

所谓染小事，就是在所有的小事上覆盖你的色彩。

酣客为粉丝做了哪些小事，解决了多少问题呢？吃喝穿，学玩乐，一应俱全。在酣客酒窖可以解决吃饭的问题，买了酣客酱酒解决了喝的问题，一年四季的衣服酣客也都为粉丝备齐了；酣客生态大学和酣客研究院帮粉丝解决了学的问题，国际游学解决了粉丝玩的问题，酣客节解决了粉丝乐的问题等。

由此可见，一个成功经营社群经济的公司最大特点就是各种事情非常多。而当你用大事、常事、小事把粉丝聚合到一起之后，事粉便自然产生了。

3.1.5 圈粉：打造一个平台，经营好一群人

圈粉又该怎么理解呢？

生活中我们经常会看到，有一群人就是喜欢待在一起，比如闺蜜。她们会一起逛街，一起做美容，一起去 K 歌，慢慢地就会形成一个属于她们的小圈子。获得圈粉最关键的是把一群人集中到一起，打造一个平台。虽然同样是打造一个平台，但圈粉与事粉的区别就是，事粉只要经营好一件事就可以了，但圈粉则要经营好一群人。

那么，具体来说圈粉该如何创造呢？如图 3-13 所示。

图 3-13　创造圈粉的 3 个方法

1. 孵化磁人

所谓磁人就是有号召力和吸引力的人，简单来说就是意见领袖，而意见领袖身边的圈子就是最重要的圈子。比如，某位演艺明星有上千万粉丝，如果这位明星成为酣客的粉丝，那么酣客就会有很大机会把明星背后的千万粉丝转化成自己的粉丝，即使全部转化的概率不大，但至少会影响其中一部分人。

意见领袖对粉丝群体的影响力是非常大的。一个围棋高手身边一定有许多喜欢围棋的人，一个书法高手身边也一定有许多喜欢书法的人，一个经济学家身边会有很多企业家等。所以，酣客公社里有很多足球高手、围棋高手、玩车的高手、书法绘画的高手、企业经营管理的高手，这些意见领袖都有着独特的人格魅力，就像磁铁一样，可以吸引越来越多同质的人。

所以，孵化磁人就是要在你的组织里打造不同领域的意见领袖，然后让他们的圈子能够为你所有，为你所用。

2. 顺众筑圈

所谓顺众筑圈，简单来说就是，如果你没有磁人，也可以顺着大家的愿望来打造一个圈子。举个例子，酣客为什么设计制作了多款运动服呢？就是因为顺众。人到中年，越来越注重健康，所以很多中年人都开始加入运动大军当中，酣客的粉丝们自然也不例外。酣客的足球队、乒乓球队、羽毛球队众多，既然粉丝们喜欢，我们自然要积极配合。

另外，酣客之所以有各种各样的委员会，是因为要代表粉丝的利益，就必须依靠这些中间组织。过去，酣客有常委会，后来又成立了顾委会，现在又成立了战委会，代表的都是粉丝的利益。同时，酣客还有一个人文关怀委员会。为什么要成立人文关怀委员会？是因为酣客的粉丝基本都是中年人，40岁到60岁是人生阶段压力最大的时候，上有老，下有小，参加的葬礼也越来越多。生老病死是自然规律，每个人都将面对，所以，我们成立这个委员会，是为了在这个问题上对粉丝进行最充分的人文关怀和帮助。

无论是为热爱运动的粉丝们做运动服，还是成立各种委员会，酣客代表的都是大家的利益，顺从的也是大家的意愿，这就是顺众筑圈。

3. 打造产品圈性

什么叫产品圈性？举个简单的例子，酣客的很多款产品都有很强的圈性。比如半月坛，它的圈性是什么呢？热爱艺术的中年人会喜欢这个产品，因为在上面大家可以尽情书写绘画，可以留着自己欣赏，也可以作为礼物送给亲友。所以，半月坛的艺术圈性很强。

再比如，酣三（酣客家藏）的圈性也很强，那么它的圈性是什么呢？酣亲都知道，年纪越大的人越喜欢喝酣三，因为它不仅口感好，而且对肠胃也没有刺激。所以，酣三的健康圈性很强。

另外，酣客的试管瓶也有很强的圈性，它的圈性是什么呢？一个试管形状的酒瓶带在身上，本身就是一件很酷的事情。什么人喜欢这种感觉呢？大多是标新立异、高收入、高知识的阶层。所以试管瓶的个性圈性很强。

所以，当你把每一款产品都打造出一个属于它的圈性的时候，就可以利用这个圈性去吸引相应的粉丝。

综上所述，粉丝盈余就是要用这4种方法，发现、发明、创造、生产粉丝。而物粉、人粉、事粉、圈粉这4种粉丝，你必须要有一种。当然，如果4种都有就很厉害了，成为行业领头羊指日可待，比如酣客。

社群就是从这儿开始的，没有粉丝，寸步难行。

3.1.6　熟悉粉丝类型与层次，精准实现粉丝资产化

前面说了很多获得粉丝，让粉丝盈余的方法。获得粉丝只是粉丝经济和社群经营的第一步，接下来，如果想经营好粉丝，最大化地实现变现，还要了解粉丝的类型和层次。

1. 粉丝的4个类型

一般来说，粉丝共分为4种类型。

第一类是"小白粉"，简单来说就是喜欢你没道理，所以他们也叫感性浅粉。

第二类是"脑残粉"，这类粉丝对你喜欢的程度比小白粉深很多，所以他们也叫感性深粉。

第三类是"骨灰粉"，这类粉丝对你的喜欢又加深了一个层次，爱你爱到骨头里，但是却始终保持理性，所以他们叫理性深粉。

第四类是"荣祖粉",这是一个比较戏剧化的称呼,简单来说就是荣誉祖宗粉,即资格特别老的粉丝。

这四类粉丝强度不同,烈度不同。那么,在这4种粉丝当中哪一种粉丝最重要呢?很多人都觉得,一定是"荣祖粉"或者"骨灰粉",其实不然。在"骨灰粉"里更容易产生经营者,但从品牌运营和发展的角度来说,最重要的则是最不起眼的"小白粉"。

举个简单的例子。每次世界杯开赛期间,那些大半夜聚集在酒吧里,脸上贴着国旗贴纸,身上穿着球队队服,一边喝酒一边高声喊好的人,都是真球迷吗?其实有相当一部分都是伪球迷,伪球迷就是"足球小白粉"。虽然他们是伪球迷,但如果没有这些伪球迷,足球可能只是一项普通的运动。是为数众多的伪球迷穿着队服,脸上贴着国旗,喝着啤酒,才一点一点让足球变成了一个产业。

那么真球迷是什么样的呢?很多真球迷在看比赛的时候,不会去酒吧,而是会选择一个人在家里看,而且会把电视机的音量调到很低,甚至调到无声。在伪球迷看来,这种看球的方式太过单调和无聊,但这正是真球迷的追求。他们不听解说,也可能不喝啤酒,但是他们会把全部心思都投入球赛中。

如果在世界杯期间,所有球迷都把自己关在家里,一个人悄悄地看比赛,那么世界杯还有意思吗?还能吸引成千上万的人为之疯狂吗?因此,还是那句话,足球之所以变成了足球产业,"小白粉"贡献的力量最大。

2. 粉丝的四个层次

第一个层次：原系粉丝

原系粉丝，就是从一开始就喜欢你的粉丝。原系粉丝一般都是单中心的，要么喜欢产品，要么喜欢这个生意。对酣客来说，喜欢喝酣客酱酒和做酣客生意的人都是原系粉丝。

第二个层次：域系粉丝

域系粉丝，就是一个粉丝的文化发展有多种可能性，分为各种层面、各种版块。比如，在酣亲中有一些美女，她们喝酣客酱酒就是为了美容和养生，所以她们就是一种域系粉，叫作健康类的酣客粉；有一些企业家、生意人，做酣客是为了学酣客，这又是一个不同的版块；还有一些年轻人在酣客做封测师，他们认为这份职业很自由、很快乐，这也是一个不同的版块。

第三个层次：职能粉丝

什么叫职能粉丝？举个例子。酣客所有的经营者都不是招商招来的，而是由粉丝转化来的。这些由粉丝转化而来的经营者，有的在经营分社，有的在经营酒窖，有的在经营大队，他们共同的特点就是，肩负职能，身负责、权、利。所以，他们统称为职能粉丝。

第四个层次：云系粉丝

云系粉丝就是多中心、多模块分型的粉丝。举个例子，酣客是一家酒企，但却有30多支足球队，这就相当于酣客粉丝中又细分出一个类型，即喜欢踢足球的酣客粉丝。而酣客粉丝中除了喜欢踢足球的人，还有喜欢打羽毛球的人，还有喜欢旅游的人，还有喜欢潜水的人等。基于粉丝们的这些不同的爱好，酣客便组建了多支足球队、羽毛球队。这些喜好各有不同的粉丝，就是多模块、多中心的云系粉丝。

3. 如何让粉丝实现资产化

前面讲了如何创造人粉以及人粉的类型和层次，无论是哪一种人粉，只有实现了资产化，才能为企业创造价值。所以，我们要如何把粉丝变成财务报表上有价值的数字呢？答案就是依靠粉丝魂、粉丝轴、粉丝流和粉丝池，如图3-14所示。

图3-14 粉丝实现资产化的4个方法

（1）粉丝魂

什么叫粉丝魂呢？举个例子，酣客有一部心经，告诉所有酣亲怎样做人才能敦厚靠谱。酣客还有一部酒经，告诉所有酣亲什么是好酒以及怎样品酒。粉丝魂就是价值锚，即你的粉丝共同信奉的价值观。

（2）粉丝轴

轴就是伦理和心约，粉丝轴就是要让粉丝围绕一个轴来转，我们可以把它理解为信徒之戒。

所以，粉丝的轴心就是伦理与心约这个戒。酣客之间的社交就有很多戒，比如不准在群里发起捐款、酣客之间社交必须敦厚靠谱等。

（3）粉丝流

有了魂这个核心价值观，有了轴这个规矩之后，还必须每天都有事做，这些事就是日常、周期、循环之事。也就是说，要用一件又一件的事让粉丝流动起来，滚滚向前。

魂、轴、流，就是粉丝运营的核心。如果没有魂、轴、流，你的粉丝组织多半就是一个空壳组织。

（4）粉丝池

所谓粉丝池，就是魂、轴、流发生的地点，即一个聚合的载体。比如说，在酣客，如果某个粉丝想要加盟酣客，他可以先做一个大队，大队有固定的场所，有两桌私房菜。有了一个小的酣客文化馆之后，就变成了酒窖。接下来，酒窖多起来之后，在一个市或一个县就可以办一个分社，一个省就可以办一个中心社。这些就是酣客的粉丝池。

总之，不论你有多少粉丝，粉丝跟你都不是上下级关系，不存在管理与被管理，也没有命令与被命令，你能做的就是利用魂、轴、流、池这四件事为粉丝服务。做好服务，才是运营粉丝的根本之法，也是粉丝资产变现的最佳途径。

3.2 认知盈余

什么叫认知盈余？无认知就没有盈余，认知才有盈余。为什么一定要做认知呢，因为大多数消费者都是外行。

可口可乐和百事可乐在竞争最激烈的时候，有人曾经做过一个实验。把两个品牌的可乐放在冰箱里边，冷藏到口感最佳的温度之后拿出来，倒在相同的普通玻璃杯里给参与实验的消费者品尝。这些参与实验的消费者当中，有可口可乐的死忠粉，也有百事可乐的忠实拥趸。可是当他们喝了手中的可乐之后，却没有人能够准确分辨出来自己喝的到底是可口可乐还是百事可乐。

这就是真实的消费者，而且这种现象普遍存在于各个行业、各个领域。比如，中国人对酒的认知大多都是看品牌、看价格，如果隐去品牌和价格，很多喝了多年酒的人可能都分不出浓香型和酱香型，更不要说喝出品质的好坏了。

所以，今天的商业提出了一个课题，那就是做产品必须首先做认知。如果不做认知，你的产品优势，99%都会被淹没掉；如果不做认知，就很难产生粉丝。因为消费者是外行，不具备专业的分辨能力。

认知盈余，就是面对粉丝和消费者，把关于产品的价值、优势、卖点、特色，甚至文化，用强认知的方法传导给他们，这样才能让他们强烈地感觉到你的价值优势和卖点文化。

那么，要做好哪些认知，才能达到认知盈余呢？

3.2.1 物理认知盈余：产业改革与颠覆

关于认知盈余，首先我们要做的是物理认知的盈余。

1. 什么是物理认知盈余

所谓物理认知盈余，就是在原料、工法、物理学上，透彻拆解产品，传播真认知，普及真科学。对做酒来说，就是要让你的消费者比别的消费者更懂酒的原料、酒的功法、酒的酿造等相关知识，也就是说，要通过这些方法提高竞争对手入局的门槛，这就是物理认知。

为什么过去营销打广告就可以了，现在却要做物理认知呢？

因为过去产品种类不丰富、信息量不大，看广告也是一种享受。但现在产品过剩、信息爆炸，广告已经开始被消费者厌弃，甚至广告一来就是观众上厕所的时间。

除了产品过剩、信息爆炸以外，碎众时代、低敏感时代以及个性爆炸时代的到来也促进了认知的发展。所谓碎众时代，简单来说就是去中心化时代。去中心化就是消灭所谓的专家、权威，什么东西好不好，自己说了才算。原来，有很多企业都喜欢标榜自己的历史有多悠久，产品有多优质，但是在低敏感时代，这些都很难引起消费者的兴趣，消费者需要的是对心理有强冲击的产品。随着个性爆炸时代的到来，人人都想做自我，谁也不愿意随波逐流。

这样的时代大背景带来了一个必然的结果，那就是产品价值的回归。

2. 打造物理认知的目的

打造物理认知的目的就在于帮助消费者成为专家，让粉丝与极客获得荣耀，成为真伙伴。这句话应该怎么来理解呢？

（1）帮助消费者成为专家

我们先从人类的表达欲开始说起。在互联网出现之前，大多数人的表达欲很难得到满足，因为没有机会，也缺少平台。但是互联网诞生之后，人人都有了表达自己的机会，人们的表达欲得到了空前的满足。

通过物理认知帮助客户成为专家之后，他们中的很多人就会开始表达。表达得越多，认知就越多，认知越多，成为粉丝的可能性就越大。循环下去，粉丝就会变成重度粉丝，即极客。如果没有极客，小米不会成功；如果没有极客，特斯拉也不会成功。可以毫不夸张地说，如果没有极客，今天很多的高科技、新商业都很难成功。粉丝和极客跟顾客的最大区别就是，他们有了认知。

（2）让粉丝与极客获得荣耀

那么，有了认知之后，粉丝和极客为什么会获得荣耀呢？因为好为人师是人的天性。举个例子。一个真球迷和一帮伪球迷一起看球赛，伪球迷只会边看边喊边喝酒，但是真球迷却对场上所有球员的背景、经历如数家珍。比如，某某后卫参加过哪一届世界杯，踢进去几个球，曾经在哪个俱乐部效力，等等。伪球迷听到这些，会像崇拜大神一样看着他。这时候，这个真球迷会不会有荣耀感呢？当然会有。

（3）让粉丝与极客成为真伙伴

极客们获得的这种荣耀越来越多，他们的追求自然也会更多。当他们的认知到了一定的程度之后，很可能就会思考：这个生意我能不能参与一下呢？如果参与成功，他就会成为真伙伴。

所以，对于酣客公社的成功，很多人只看到了粉丝经济，却很少有人看到酣客的商业逻辑，那就是在粉丝中发现和培养经营者，让喝酒大户变成卖酒大户。

3. 实现物理认知的方法

那么，怎样才能做到物理认知的盈余呢？如图3-15所示。

图 3-15　打造物理认知盈余的 8 个方法

（1）守伦理

粉丝经济和社群经济必须以伦理为核心，正如我在前面提到的，没有伦理，产品就没有灵魂，产品没有灵魂，何谈物理认知呢？

（2）揭黑幕

如今在互联网上，人们经常会看到两个人、两个组织或两个企业之间互撕。互撕就是隔空喊话，甚至隔空吵架。为什么移动互联网来了之后，这种情况越来越多呢？因为揭露的黑幕越多，民众的认知程度越高，而民众认知程度越高，被揭露的黑幕就越多。

（3）无限细

什么是无限细呢？举个例子，酣客的每一位粉丝对中国酱酒的了解都不亚于酒厂的工程师。比如说，酣客的每一位粉丝都知道，一斤酣客酱酒需要5斤粮食来酿造，其中2斤4两高粱，2斤6两麦子。2斤6两的麦子制成曲，曲温发酵到65℃，制曲时间是两个月，制成之后再放半年。另外，他们也都知道，酣客用的高粱是富含支链淀粉的优质糯高粱。正是因为有了这种深刻的物理认知，消费者才会喜欢上酣客酱酒，甚至对酣客酱酒产生信仰。

（4）可直觉

可直觉很简单，就是可以直接感受到。你不能总是靠嘴说自己的产品有多么好，你要让消费者直接可以感觉到，这样他们才能认同你的说法。比如，我们在说酣客酱酒品质好的同时，还会教大家拉酒线、看酒花，让大家通过这些直观体验感受到酣客酱酒的品质。

给消费者和粉丝做认知，切忌只讲大道理，也不要讲得太专业，必须用简单的方法，可以让他们直接感觉到你要传达的意图。

（5）享科学

做认知的目的不是打击竞争对手，而是让你的粉丝能够在这里享受到科学带来的知识和乐趣。酣客每次举办酱香之旅都会有很多粉丝来参加。粉丝亲身经历过铲糟子、拌曲、下沙这些劳动之后，不仅可以学习到其中的科学知识，还能够享受到这里面的乐趣，同时更重要的，是他对这个产品的品质会更加放心。这时候，再去喝酣客酱酒的时候，便会产生不同的感受。

（6）创玩法

有了新的认知之后，还要创造新的玩法。比如，检验酒的品质好不好，一把火烧了它，看它会不会浊变，浊变的就是好酒。再闻闻味道，发酸的就是好酒，因为粮食发酵之后都会产生酸味。如果觉得这种方法不够简单，那就直接加水，看它会不会浊变。因为酒中最香的是酯类物质，这种物质只溶于醇，不溶于水。还有更简单的方法，不用火烧，也不用加水，装过酒的酒杯不要洗，直接放到酒柜里、书架上，连着闻几天，酒香保持的时间越长，酒的品质就越好。拉酒线、看酒花、水检法、火检法，这些都是酣客创造的玩法。

为什么要创造这些简单易行的玩法呢？是因为我们很难也没

必要对粉丝进行全日制教育。但我们可以创造一些玩法，通过这些玩法同样可以帮助粉丝提高物理认知。

（7）聚族群

所谓聚族群，就是要经常把消费者和粉丝聚到一块玩，一个人是没办法提高物理认知的。举个例子，很多人都认为自己胖，都想通过运动、健身让自己瘦下来，变得更健康。但是一个人自己运动跟一帮人一起运动相比，还是一帮人一起努力更容易实现目标。因为大家一起运动，可以互相监督，自己一个人则会因为没人监督而被惰性打败。所以，才会有越来越多的人花钱去办健身卡。

同样的道理，你的产品好，一个人觉得好没有意义，必须一群人都说好才有意义。所以，酣客会通过各种方式把粉丝们聚集到一起，然后通过这些活动让大家进行共同的验证。

（8）铁伙伴

当你把粉丝聚成一个群体之后，他们懂伦理，了解内幕，有新玩法，而且每个人心里都有很多直接的感触和感觉，同时他们也乐于享受这种科学的生活和有趣的玩法。因此，通过聚族群可以更透彻、更直观地让粉丝提升物理认知。这样他们才能够成为铁伙伴，即合作紧密、不离不弃的真正的合作伙伴。

4. 物理认知的本质

所以，做物理认知，引发产业的改革与颠覆，主要用的就是这八大方法。那么物理认知的本质是什么呢？答案就是顺应公众的认知，与客户立场同步，获得深层凝聚力。

今天所有的白酒企业都面临一个共同的难题，那就是经销商很难忠诚。因为对绝大多数经销商来说，他们只卖酒却不懂酒，只图利而不讲热爱。与之相比，粉丝与极客却首先对产品有热爱，所以这些人团结起来，就可以让你获得深层凝聚力。为什么这些粉丝愿意团结在一起经营这个产品呢？就在于你通过物理认知始终与客户立场同步。

简单地说，粉丝经济是由消费者引发的一场商业颠覆，而物理认知盈余是产业改革与颠覆的基础。

3.2.2　心理认知盈余：商业认知改革与颠覆

如果说物理认知盈余是产业改革与颠覆的基础，那么心理认知盈余就是商业认知的改革与颠覆。什么叫心理认知盈余呢？

1. 什么是心理认知盈余

所谓心理认知盈余，就是在产业心理、营销与经营的初心上，透彻拆解行业的善恶、伦理、美丑、先进与落后，传播行业健康真相，普及经营科学。也就是说，你不仅要让消费者认知产品，还要带领消费者和粉丝认知这个产业，了解产业内的黑幕和不公平。而且不能只谈模式，只谈模式就会让人觉得你在做生意。

所以，想要社群化，就必须要谈模式背后的心理，即营销与经营的初心。因为每个人心里都有常识，你得为所有人揭穿这个行业的初心和心理，这就叫心理认知盈余，其实准确来说应该叫作行业心理认知的盈余。

在碎众时代，除了表达欲，人们还希望获得公平。所以，互联网上最引人关注的事情大都与不公平相关。比如说，外卖小哥被区别对待、毕业生学籍被顶替、考生考试造假等事件，都会在网上引起广泛关注。今天想颠覆行业，需要告知的就是人人公平。

比如在传统白酒行业，对消费者来说最不公平的就是加价率高，酒的品质却不高，而且包装污染环境。所以，在这个碎众时代，消费者不仅想要求认知、求真相，还要求公平，因此便带来了商业模式的回归。产品价值回归的同时，商业模式也要回归，因为新概念的产品在旧模式当中一样卖不好。

2. 打造认知盈余的目的

打造行业心理认知盈余的目的就在于，帮助消费者成为行业专家，让粉丝与极客成为商业革命的主导者，成为真同盟。简单来说就是，物理认知是让消费者喝好酒，不再被劣质酒忽悠，而商业的心理认知是让你不仅要喝这个酒，还要做这门生意。

3. 实现心理认知盈余的方法

那么，怎样才能做到心理认知盈余呢？如图3-16所示。

（1）守伦理

这一点与物理认知盈余是相同的。

（2）反传统

什么叫传统？第1个特征就是旧，第2个特征就是旧的东西放在新时代,一定会有不公平。所以,我们才要反传统,从而消灭不公平。

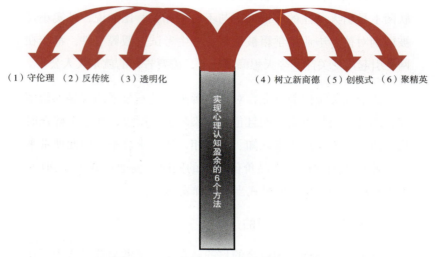

图 3-16　实现心理认知盈余的 6 个方法

(3) 透明化

既然准备揭露不公平,就要做得彻底,让它完全暴露在阳光下,这样才更有利于消灭错误的行业心理认知。而且,你与这种商业模式并无关系,即使彻底揭穿也不会对你产生不利的影响。

(4) 树立新商德

彻底揭露错误的行业心理认知并不是最终的目的,我们还要树立新的商业道德,这样才能让错误的行业心理认知完全被取代,再无翻身之日。

(5)创模式

树立新商德之后,还要创立新的商业模式。只是嘴上说旧的商业模式不好不能解决问题,解决问题的根本方法就是创立新的商业模式。

(6)聚精英

为什么不是聚粉丝或聚极客,而必须要聚精英呢?因为被产品认知逼着造反的大多数粉丝与极客都是消费者,他们大多不具备经营能力,经营能力属于精英。所以,要在粉丝和极客中寻找精英,把精英聚集在一起,最终打造一个铁的同盟。

4. 心理认知盈余的本质

从这个层面上来看,心理认知的本质就是顺应公众的认知,与极客和粉丝的利益同步,从而获得商业经营的爆发力。所以,商业经营的爆发,首先源于产品被消费者认知到价值,其次源于精英足够多。如果缺少精英,便谈不上爆发力。马云为打造阿里巴巴聚集了"十八罗汉";而雷军在创造小米之前,做的最重要的一件事就是网罗各路精英人才。

3.2.3 未来认知盈余:粉丝利益同盟

前面已经讲到了,物理认知产品,聚集了消费者、粉丝、极客,心理认知行业,聚集了精英。那么,未来认知是什么意思呢?答案就是打造粉丝利益的同盟。

1. 什么是未来认知盈余

所谓未来认知盈余，就是在产业发展上，透彻拆解传播产业未来的机遇、规律、价值导向模式，科学树立全新产业的未来观、财富观和价值观。

举个例子。酣客为什么要做自己的 App？因为任何行业逃不掉互联网的包围。在这个大背景下，白酒＋互联网会带来什么？随着 5G 的到来和普及，白酒 +5G 又会带来什么？在未来，白酒行业会如何发展，这些都是对未来的认知。

在商业认知层面，对物理和心理的认知就是对过去和现在的认知。但是，人活在当下，同时也期盼着未来和梦想。从这个角度上来说，幸福不是今天拥有的多，而是想到未来便充满希望，所以我们必须对未来进行认知，而且要强认知，达到认知盈余。

任何时代，人们对未来都会充满渴望，但前提是这必须是一个确定的未来，不确定的未来没有人会相信，而对确定的未来的渴望就是重做一个产业的深度心因。

2. 打造未来认知盈余的目的

在物理认知阶段，要帮助消费者成为知识层面的专家；在心理认知阶段，要帮助消费者成为行业专家；到了未来认知阶段，则要帮助消费者成为未来的行业专家，让粉丝和极客成为重做产业新商业革命的主力军。

既然是主力军，就要在后半生拥有共同的理想和利益目标。只有共同理想，没有共同利益，无法长期坚持；只有共同利益，没有共同理想，利益一大就会散伙。所以，要带领一个社群组织快步向前走，就必须把共同理想和共同利益捆绑在一起。那么，具体来说该怎么实现呢？

3. 实现未来认知盈余的方法

我们可以通过以下 6 个方法实现未来认知盈余，如图 3-17 所示。

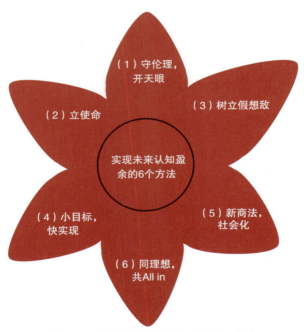

图 3-17　实现未来认知盈余的 6 个方法

（1）守伦理，开天眼

守伦理在这里就不再多讲了，前面已经提到过，后面也会有章节详细论述。我们重点讲一讲什么是开天眼。

接地气是今天我们常说到的一个词，它与开天眼是相对应的。接地气是我们做的事在当下要符合现实，顺应现实。但是，最大的生产力是顺应未来，而未来是不可知、看不见的，要想看得到未来，就必须开天眼。

举个例子。为什么有很多企业家都愿意听经济学家的预测？尽管很多时候经济学家预测得并不准。为什么很多人都相信科学？尽管大多数人根本不知道科学为何物。这背后的原因就是经济学家和科学家跟普通人相比，更了解未来，更了解这个社会发展变化的规律，简单来说就是，他们都开了天眼。

（2）立使命

开完天眼之后，接下来一定要立使命。立使命简单来说就是树立使命，树立目标。

今天，很多企业还停留在产品、营销、市场以及品牌的竞争阶段，对使命却不甚重视，有的甚至根本没有使命。商业模式如果没有使命，或许会成功，但不会有太大成就。因为使命是信仰、信任和信赖的根基，想要成就一个伟大的企业，想要立身百年而不败，使命就是最根本的所在。

（3）树立假想敌

成功需要朋友，大成功需要敌人，伟大的成功则需要巨大的敌人。没有敌人，你的使命就无的放矢、无处安放。

（4）小目标，快实现

如果你对人说"跟着我干，十年后保证你会成功"，换来的多半不会是激动万分的信誓旦旦，而很可能是一个个转身离开的背影。因为你的目标太宏大，跨度太长，很少有人会为此埋头苦干。所以要把你的十年目标切割再切割，最好切割成一个季度实现一个，这样才有机会吸引更多人，为你的组织添砖加瓦。

（5）新商法，社会化

在心理认知盈余阶段，我们要树立新商德，到了未来认知盈余阶段，我们必须要树立新商法。所谓新商法，就是新产业模式要有新规则、新游戏、新玩法。然后，把你的商德、商法和伦理变成公众的，这就叫作社会化。简单来说，就是要把你的道理变成大家认同的道理。

（6）同理想，共 All in（全情投入）

逐一做到了前面5个方法，也就是说，带领大家开了天眼，树立了使命和假想敌，同时实现了一些小目标并制定了新规则之后，你才能与粉丝和极客形成共同理想。有了这个共同理想，大家的后半生就会围绕你来做事业，从而在时间、精力、资源、人脉以及投资等领域实现同理想、共同 All in。

所以，想要对未来进行认知盈余，就不能只讲未来的科学，不能只进行透彻拆解，还必须带着这些方法对未来做认知盈余。

4. 未来认知盈余的本质

未来认知盈余的本质就是，利用财富不平等的规律，创造新利益族群，获得集体念力与愿力。

地球上财富永远无法平等分配，不过，对于大多数人来说，财富不平等能够激发他们的斗志。做认知的根本目的就是引发商业改革，创造新利益族群，获得集体的念力与愿力。

总的来说，当你在所在的领域大规模地推广物理认知、传播科学，大规模地推广行业的心理认知，激发人们对这个行业的不满，然后对未来进行认知科普，让所有人知道你有一个确定的未来的时候，你的认知就已经达到了领先和盈余。而一个伟大的社群组织一定是高认知的组织。没有认知的领先和盈余，就会缺乏改革和颠覆的底层能力；没有认知的厚度，你的社群就只能是一个浅薄的组织。

每一次商业改革，都是一次颠覆。

从这个层面上来说，社群化如果不能激发客户改革的愿望和颠覆商业的意识；如果不能聚集外行精英降维攻击旧模式；如果不能狙击并重新瓜分产业利益、格局、价值；如果不能创造新的利益群体和利益同盟，这样的社群化就是浅薄的情怀游戏。之所以很多人都知道社群的商业模式非常好，却总是干不成，就是因为太浅薄，只知道玩情怀。所以，真正的社群化，如果没有发生这 4 件事情，就很难做成、做大、扎根。

但话又说回来，想要做成这 4 件事并不容易。因为并不是你想让消费者反抗他们就会反抗，也不是你想让外行聚集他们就能聚集，更不是你想重新瓜分行业利益就能重新瓜分。那么通过什么方式就能够实现这个目标呢？

很简单,认知盈余。人是怎么反抗的?是有人告诉他你被欺负了,只有反抗才能摆脱被欺负的命运。商业进步的原动力就是商业改革,商业改革的引擎就是认知。

3.3 价值盈余

认知盈余跟价值盈余有什么区别呢?物理认知,认知的是现在的行业和产品;心理认知,认知的是现代的行业心理、产业心理,未来的认知是我们可看到的未来,那么价值盈余是什么呢?如果说认知是手段,那么价值就是目的。当你把认知告诉大家,并不意味着所有人都会由此得出价值。

举个例子。一辆汽车是全时四驱,知道这件事叫作物理认知。100个玩车的人里面,或许只有几个人了解全时四驱的价值,然后可以列举很多条全时四驱与适时四驱相比的优势。但绝大多数人却觉得全时四驱并没什么了不起。也就是说,他们同样也知道全时四驱很好,但是却不知道它的真正价值。

所以,价值盈余就是你要对一个事物的物理价值、心理价值和未来价值进行重新定义。换句话说就是,认知盈余是让你知道、想到、看到,而价值盈余是让你获得明确的价值主张。

那么,要怎样做到价值盈余呢?

3.3.1 物理价值盈余:市场的扩容、扩张与扩增

要实现价值盈余,首先就要实现物理价值的盈余。物理价值

盈余可以带来市场的扩容、扩张与扩增。

1. 什么是物理价值盈余

所谓物理价值盈余就是在产品与产业的物理性上创造新价值、创造新市场。新价值与新市场的创造，与时代的大背景息息相关。

在这个产品过剩的时代，产品与产业的传奇性、文化性、扩容性都是新的生命力，这就是新的产品价值。举个例子。在中国喝白酒的绝大多数都是男人，相对来说，女人喝白酒的并不多。但是适量饮用真正的中国酱酒对人的健康无害，而且有美容养颜的功效。所以，酣客现在有大量的女性粉丝。这就是通过物理价值的盈余，创造产品市场的扩容、扩张与扩增。

同样的，现代年轻人喝白酒的也不多。但是，我们把中国酱酒的物理价值传播出去之后，相信越来越多的年轻人会喜欢上中国白酒，理解酣客所倡导的喝好酒、少喝酒的理念。这也是通过价值盈余，创造产品市场的扩容、扩张与扩增。

2. 打造物理价值盈余的目的

打造物理价值盈余的目的就在于，帮助产品扩容市场，帮助产业扩增价值，帮助经营者拓宽经营渠道，帮助终端扩增顾客。也就是说，物理价值应该给产品带来更多的消费者。

以手机为例。在模拟手机时代，一个城市中拥有的人不会太多，首先太贵，其次它的信道资源有限。到了数字手机时代，信道资源开始扩张，所以数字手机的普及率开始扩大。但是，数字手机的物理价值仅限于打电话、发短信,所以全民使用手机的现象仍然没有到来。到了智能手机时代,当打电话、发短信都已经变成手机"副业"的时候,才真正迎来了全民使用的时代。所以,物理价值盈余,是把小行业变成大行业,大行业变成巨大行业的方法。

3. 实现物理价值盈余的方法

那么,实现物理价值盈余的方法都有哪些呢?如图3-18所示。

图 3-18 实现物理价值盈余的 3 个方法

(1)物理价值深化

什么叫物理价值深化?手机在智能化之后才成为互联网的冲浪工具,如果没能实现智能化,就只是打电话的工具。如果酱酒不做物理价值盈余,就只是吃饭聚会的陪衬,实现物理价值盈余之后,酱酒变成了女人能喝,年轻人也能喝,回到家里夫妻俩可以小酌的高档饮品。这都是产品的物理价值深化。

（2）应用无限深化

什么叫应用无限深化？很多酣客粉丝不仅平时会喝酣客酱酒，做菜的时候也会用酣客做调味品，这就叫应用的无限深化。

（3）文化价值归元、归因和归本

什么叫文化价值呢？举个例子。从数字手机过渡到智能手机，不仅仅是产品的创新，更是智能手机的物理价值盈余成就了一种文化现象，那就是手机已成为人不可或缺的一部分，沟通交流对人类非常重要，而智能手机恰好承接了这项重任。

那么，在白酒产业领域，文化价值的归元、归因和归本又是什么呢？酣客对中国酒的解释是这样的：之所以说中国酱酒是地球上最好的蒸馏酒，是因为其他的蒸馏酒都在用工业时代的方法进行生产，而只有中国酱酒在依然保持着农业社会的生产方式。所以，中国酱酒是互联网时代唯一保持农业文明作业方式的传统白酒。这就是文化价值的归元、归因和归本。

简单来说，物理价值盈余就是我们不仅要让粉丝和极客成为经营者和受益者，同时还要给行业做贡献，实现产品的伟大性、传奇性、文化性和扩容性，从而帮助小行业变成大行业，帮助大行业变成巨大行业。

4. 物理价值盈余的本质

从这个层面上来看，物理价值盈余的本质来自价值创造和文化再造，直白点说就是抢来的不如自己创造的。

今天，大多数企业都在奉行存量争夺理论。也就是说，蛋糕就这么大，你分的多，我分的就少；市场就这么大，你占的多，我占的就少。但是，最大的市场已经不再是存量的争夺，而是增量的垄断。

那我们该怎样创造呢？方法就是帮助自己所在的产业实现物理价值盈余。有了物理价值盈余，才有可能以低成本、更方便、更简洁地占有增量市场。

3.3.2 心理价值盈余：产业的扩容、扩张与扩增

本质上来讲，心理价值盈余应该叫作商业心理价值盈余，或者商业价值盈余。那么，什么是商业价值盈余呢？如果说物理价值盈余带来的是市场的扩容、扩张与扩增，那么商业价值盈余带来的就是产业的扩容、扩张与扩增。市场的扩容、扩张与扩增，增加的是最终消费，而产业的扩容、扩张与扩增，增加的是生产力要素和行业的精英。

1. 什么是心理价值盈余

所谓心理价值盈余，就是在产业初心、模式理念以及行业经营上，创造新模式、新方法、新价值，顺便创造新经营群体，这个新经营群体就是"粉丝＋外行精英"。换句话来说就是通过心理价值的盈余，把更多精英、更多热爱这个行业的人领进这个行业。这样做不仅仅是给市场做了扩容，也是给整个产业都做了扩容。

为什么要这么做呢？在移动互联网时代，几乎每一个行业都

受到了互联网企业的技术狙击。所以，在这个行业与商业都不明朗的时代，更需要创立新商学、新理念和新思维。

所以，心理价值盈余就是在这个生意艰难的时代，对商业的、行业的、江湖的新商学、新理念、新思维进行价值盈余，从而具备对新经营群体的号召力。也就是说，在引发这场革命之后，你要带大家继续前进。以酣客为例，往左走，我们会带领消费者喝好酒，往右走，我们会告诉经营者，这是一门值得做的好生意。

2. 打造心理价值盈余的目的

打造心理价值盈余的目的就在于，帮助产业扩增精英，扩增价值、创造新经营理念、创新商业模式。所以，心理价值盈余比物理价值盈余具有更高的维度。物理价值盈余更多的是在市场零售端扩增市场，而心理价值盈余领域内扩增的是精英，是先进的生产力要素。

3. 实现心里价值盈余的方法

那么，实现心理价值盈余的方法有哪些呢？如图 3-19 所示。

第 1 个方法：产业商学的延伸

什么叫产业商学的延伸？酣客经常挂在嘴边的几句话：所有行业精英都值得进军中国酱酒，全世界的消费者都值得享受中国酱酒，以及中年人的后半生应该做一个皮实且有根的产业，这都是产业商学的延伸。

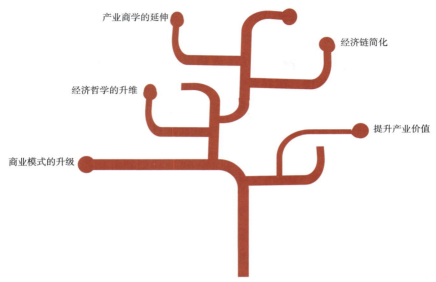

图 3-19 实现心理价值盈余的 5 个方法

第 2 个方法：经营哲学的升维

所谓经营哲学的升维，简单来说就是，过去卖产品，现在卖符号；过去渠道重要，现在场景重要；过去终端重要，现在触点重要；过去做品牌，现在做人格。

第 3 个方法：商业模式的升级

什么叫商业模式的升级？以酣客为例，过去是经销商经营，现在是粉丝经营；过去是街边店销售，现在是酣客酒窖体验。也就是说，过去消费者买酒基本没有事先品尝的机会，但是在酣客的商业模式下，消费者进了门就可以随便体验，而且可以随时接受科普。

第 4 个方法：经营链简化

任何商业经营都有链条，但商业经营组合在一起的链条要简化而不能复杂。因为现代人对自动化和互联网十分依赖，所以必须把经营链条变得更简单、更容易、更方便、更傻瓜。

第 5 个方法：提升产业价值

所谓提升产业价值，就是我们不可以只把社群化和粉丝经济当作一个快速崛起的方法，而必须用社群化和粉丝经济的思维来给行业扩增，夯实基础。简单地说，行业贡献和消费者贡献同样重要，我们必须不断给行业做贡献。

4. 心理价值盈余的本质

商业价值盈余的本质就是商业价值的扩增。以酣客为例，并不是酣客想要在白酒财富中分一杯羹，而是因为酣客，中国白酒变得更伟大，白酒市场变得更大。过去，跟洋酒相比，中国白酒的市场地位很低，在中国可以买到种类丰富的洋酒，但是在国外想要买一瓶中国白酒却相当不容易。

在这种大环境之下，中国白酒不被重视，市场越来越萎缩。但是，酣客却通过价值盈余的打造，让年轻人和女人也开始接受和热爱中国白酒，这就是行业的商业价值扩增。

当你完成了新的物理价值的认知，新的商业价值的认知之后，自模式就实现了一个伟大的变化，即公理化。生活中有很多公理，比如孝顺父母、夫妻和睦、做人讲诚信。

举个例子。淘宝刚出现的时候，很多人都认为用淘宝购物的都是一些不务正业的年轻人；iPhone 刚出来的时候，很多拿着诺基亚的老板们都说，iPhone 只不过是年轻人的玩具，可现在，谁还会有这种想法呢？

所以，从这个层面来说，理念有新有旧，是随着时代和科技发展不断变化的。而价值盈余就是尽快让你的模式变成公理，变成公理就会适者生存，而且越活越强大，这就是商业价值的引领。

3.3.3 未来价值盈余：行业未来利益创新、新根基

物理价值盈余带来的是市场扩容、扩张与扩增，商业价值盈余带来的是产业扩容、扩张与扩增，而未来价值盈余带来的则是未来的利益创新和打造新根基。

1. 什么是未来价值盈余

所谓未来价值盈余，就是对未来的产业价值、科技交互价值、时间空间的叠加价值，进行全新的价值认知与创新。什么是未来的产业价值？以酣客为例。通过打造物理和心理价值的盈余，我们重新定义了中国酱酒，也就是说，在酣客看来，中国酱酒不仅是地球上最好的蒸馏酒，而且也是最好的投资品、收藏品和把玩品，这就等于提升了未来的产业价值。

什么叫科技交互价值呢？举个例子，中国酱酒＋互联网等于什么？中国酱酒＋5G 等于什么？中国酱酒＋视频化革命又会带来什么？答案就是科技交互价值。

什么叫时间空间的叠加价值？先来看什么是时间的叠加价

值。比如你是一个卖酒的销售人员，那么一天能找到或接待100个顾客已经是很不错的成绩了。但是，如果你在抖音上发了一条很吸引人的关于卖酒的视频，就有可能吸引100万人来观看，甚至你在睡觉的时候也有人在看。在这种情况下，你的时间就被倍增、被叠加了。

那么什么是空间的叠加价值呢？酣客现在强调，中国白酒不一定在吃饭的时候喝，在家看电视或者朋友聚会的时候也可以喝，甚至朋友相隔两地时，进行视频连线的时候也可以喝等。这些都是空间叠加价值的体现。

所以，把白酒置于中国社会的大变革和大科技的时代，进行全新的价值认知与创新，创造出全新的价值，这就叫未来价值的盈余。

今天，我们要找一个聪明而勤奋的人并不难，可以说这样的人随处可见。但为什么聪明而勤奋的人这么多，成功的却很少？原因就是，他们中的绝大多数人都输给了趋势。对于聪明而勤奋的人来说，没有什么比趋势更重要了。

未来的趋势就是未来的价值。酣客之所以在不断创造未来价值，就是因为我们创造了价值之后，可以最快速度地还给我们的粉丝。所以，建立未来价值盈余的背景就是在大规模困境和未来困惑的背景下，一切产业都将被新产业替代，最大的归因就是未来利益高于一切。

2. 打造未来价值盈余的目的

为什么要建立未来价值盈余？目的就在于用未来的眼光重做

每个行业，重塑产业根基，让旧产业大规模不适应，让旧产业大规模不和谐，这样才能颠覆它，才能创造产业的新真理。

3. 实现未来价值盈余的方法

1）由你来解读商品未来的趋势。

2）要不断解读、不断认知产业的未来与趋势，不断创造新概念、新认知。

3）要不断传播、解析以及认知关于技术与科学未来的走向与演进。

4）时间、空间与生活方式的不断认知与科普。

创造价值的方法就是形成未来价值盈余，即不仅要对现在的产品和行业做科普，同时也要对未来趋势、技术与科学，以及时间、空间、生活方式做交叉认知和交叉的科普。

所以，一切新的产品必须进行价值盈余的创造。

4. 未来价值盈余的本质

创造未来价值盈余的本质就是代表未来、代言未来，迅速消灭旧传统，尽快形成新根基，快速建立新壁垒。怎么理解这句话呢？人都是为价值而活，行业也是因为价值而存在。那么，谁对价值进行了创新与提升，谁自然就获得了未来。

物理价值盈余带来了市场的扩容、扩张与扩增，商业价值盈余带来了产业的扩容、扩张与扩增，未来价值盈余通过价值创新给行业的未来带来了利益创新，同时为行业的未来打造了新的根基和新的公理。

社群运营技术 15 字诀的前 3 个字"人认价"到这里就讲完了。总结一下,"人认价",粉丝为人,建立认知盈余是基础,创造价值盈余是目标,社群的核心就是为粉丝通过认知实现价值。所以从这个层面上来说,"人、认、价"这 3 个方法论就是社群经济的源头和核心。

|第4章| CHAPTER

理、开、怀：用伦理和开度打造胸怀

理、开、怀说的是伦理盈余、开度盈余和情怀盈余。简单来说，就是只有拥有了伦理的盈余，才可以获得比品牌竞争力更强大的软性竞争力；同时做社群要有通识的开度和专识的深度，否则便无法包容更多的人性和更多的商业现象，也无法包容人们更多的追求与需求。另外，社群基调一定要正直、深情、有胸怀，因为在这个充满焦虑和压抑的时代，只有深情和胸怀才可以让所有人感到安全和踏实，让所有人找到属于自己的价值和归宿。

一个有伦理、有开度而且有情怀的社群才是真正的社群。

4.1 伦理盈余

了解今天的顾客，最关键的是要了解他们内心的伦理，因为伦理可以直接捕捉人心。定位理论告诉我们，人的心智高于一切，心智的主体就是心智的认同，而心智的认同就是伦理的认同，即与伦理共振。所以伦理盈余会让你的企业不用再依赖投放广告，也不用再做成本很高的营销。所以，追求伦理上的盈余是企业在社群当中异军突起的关键。酣客5年营收增长了100倍，在很大程度上靠的就是伦理盈余，如图4-1所示。

伦理是社群经营的本质，所以伦理盈余是社群方法论中最重要、最核心的部分，是其他所有方法的基础和指引。社群经济如果没有了伦理，就是一个没有根基的空壳。所以，如果想让品牌快速崛起，想让企业走向世界，就必须做到伦理盈余和领先。

4.1.1 伦理是所有伟大生意的必备品

在展开论述之前，我想请大家反思一个问题：为什么在传统媒体没有报道和传播的情况下，互联网上的一些文章阅读量可以一夜之间达到10万+？为什么一个事件在极短的时间内就会全国上下众人皆知？或许有人会说，这源于亿万网民自动的转发和传播。那么是谁在号召他们转发和传播，这个幕后的大导演是谁？

这个社会的导演就是伦理。我在前面已经提到了，伦理就是"道理+道德"，互联网经济的本质就是伦理经济。所以聪明的生意、伟大的生意都有伦理，既有道理，也有道德。

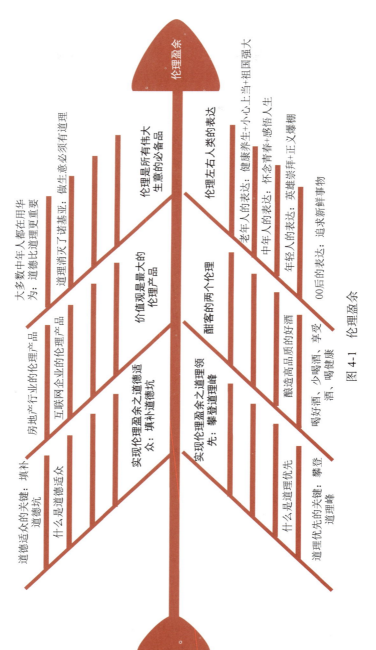

图 4-1 伦理盈余

1. 道理消灭了诺基亚：做生意必须有道理

为什么做生意必须有道理？

问大家一个问题：做钉子应该用什么材料？所有人都知道应该用铁。那么，如果用黄金做钉子有没有道理？肯定没道理。首先黄金很贵，成本太高；其次黄金太软，做的钉子根本不能用。所以用黄金做钉子就是没道理。

再比如，把一大块布交给裁缝，应该怎样剪裁才算合理使用？正常来说，有道理的做法是：先做长袍，再做衬衫，衬衫做好之后如果有零散的小布块，可以做手帕，最后可以把所有的碎布头捆在一起做墩布。可如果反过来，拿到一大块布就直接捆成了墩布，就是没道理。

我们来看一个很典型的例子。

为什么在全世界风光了 14 年的诺基亚手机突然之间便销声匿迹了？有人说，是苹果消灭了诺基亚。错，真正消灭诺基亚的是道理，因为智能手机比诺基亚手机有道理。在诺基亚看来，手机只是用来打电话的工具，但智能手机却不限于此。那么，智能手机的道理是什么呢？

相信很多人都还记得苹果手机第一次召开发布会时的情景。当时，乔布斯对大家说，他今天会发布三件同 iMac 一个级别的产品，第一件是触摸控制的宽屏 iPod，第二件是一个革命性的移动电话，第三件是一个突破性的互联网通信工具。然后，这三个图标就在他身后的大屏幕上开始旋转，最后转成了一个产品，它就是 iPhone。也就是说，诺基亚的道理是手机只是打电话的工具，而苹果手机则认为，手机是上网发 E-mail、听音乐，享受互联网生活的一个平台和门户，顺便有一个可以打电话的功能。所以，高下立判。

如今，手机在我们手里最大的变化就是打电话的频率越来越低，过去我们叫"打手机"，而今天我们叫"玩手机"。这一变化也直接带来了另外一个变化，在"打手机"时代，我们最缺的是通话时长，但在"玩手机"时代，我们最缺的是流量，通话时长却用不完。

这告诉了我们一个什么道理呢？那就是，人类内心的需求已经慢慢转化成追求。也就是说，打电话只是一种需求，但是在互联网上自由表达却成为一种追求。

2. 大多数中年人都在用华为：道德比道理更重要

有关数据显示，2020 年上半年，国内手机出货量前三甲分别为华为、苹果、三星。苹果和三星都有忠实的用户群体，那么使用华为手机的是哪部分人呢？答案是中年人。

如果你已经年过四十，那么一定会发现，身边与你同龄的朋友、同事，大多都在用华为手机，而且其中以男性居多。为什么呢？因为对大多数中年男人来说，人生到了这个阶段，事业基本步入了正轨，生活也基本固定了形态。可是这时候，他们的精神却常常会感到空虚，为了填补这种空虚，他们便想到通过价值回归来证明自己。而在所有的价值回归中，支持本土企业是最省力也最靠谱的一种。于是，很多中年男人纷纷拿起了华为手机。

众所周知，成立三十多年的华为历经了无数次风雨打击才最终成为今天的超级企业。今天的华为已经走向全世界，同时代表着中国的通信高科技、数字高科技和信息高科技，给中国人争了光，让中国人在全世界面前都倍感自豪，同时充满自信。所以，一个让老百姓感到自豪又自信的品牌，怎能不受到欢迎呢？

所以说，中年男人爱用华为手机，不是因为它的功能强大，而是因为他们认可了华为这家公司。这告诉了我们什么道理呢？那就是，**当你的道德被认同之后，大家在商品和消费上就会支持你。**

如果说过去人们选择产品是为了满足需求，那么今天选择产品就是为了满足追求，而人类最基本的追求就是对伦理的追求。也就是说，过去人们要买的是一个满足需要的手机，但是现在要买的则是一个符合内心伦理的手机。

所以说，无论做什么生意，只有你的产品和品牌满足了伦理要求，才有可能被认可和接受。

4.1.2 伦理左右人类的表达

如果说人类最基本的追求是伦理追求，那么从这个角度来说，互联网经济的实质就是伦理经济，因为正如我在前面讲过的，是伦理在推动互联网发展。

所以在伦理经济面前，我们会看到一种现象，那就是只要有一种新闻或帖子一出来，就会受到全国人民的喜爱，而且大家都会主动转发。是什么样的帖子呢？那就是小人物的人性光辉和创造的奇迹。比如，在抖音上有一个小孩跳舞跳得特别好，一夜之间就吸粉无数，火遍大江南北。这就是小人物创造奇迹的典型案例。

如今，微博、微信的使用已经覆盖全国。那是不是说公众的表达会多达几亿种呢？当然不是。仔细观察你会发现，其实几亿人的公众表达跟几个人的公众表达差不多。也就是说，几亿人的表达其实只分成几个大类。

1. 老年人的表达：健康养生 + 小心上当 + 祖国强大

老年人的朋友圈最常见的三种表达：一是健康养生，二是小心上当，三是祖国强大。

老年人表达养生这个很好理解，毕竟每个人都想健康长寿，尤其是老年人。但是人到了年纪，各种疾病都会接踵而来，所以珍惜健康、需要健康的老年人就会把养生当成表达的首选。

那么，老年人表达防骗意识又是什么原因呢？主要是因为他们被骗怕了。现在的电信诈骗、非法传销瞄准的基本都是老年人群体。而上过当之后，他们多半就会警醒，所以就会在朋友圈里对此进行表达，互相提醒。

老年人大多是伴随着祖国成长、强大起来的一代人，所以在他们的朋友圈里，充满正能量的有关祖国强大的消息会不断出现。

2. 中年人的表达：怀念青春 + 人生感悟

人到中年，无论在生活上还是工作上，基本已经定了基调。

家庭中是父母和孩子的依靠，工作中也大多已经独当一面。很多人都说，中年人是这个社会的中坚力量，但是中坚力量并不仅仅意味着有强大的能力，同时也意味着承担巨大的压力。上有父母要孝敬，下有儿女要养育，在事业上，还要为手下的员工谋福利，总之，生活、工作和事业的重担无一例外都落在了中年人的身上。人到中年，难免会对青春岁月有所怀念，同时希望自己能够像年轻时那样充满活力和激情。

所以中年人的表达，一方面会对青春有怀念，另一方面也绝不会忘记现实中应该承担的责任。他们虽然羡慕年轻人，但同时对岁月留给自己的积淀有更深层的理解，所以他们的表达更多的是对人生和事业的感悟。

3. 年轻人的表达：英雄崇拜 + 正义爆棚

我们再来看看年轻人最喜欢表达什么？答案就是英雄崇拜 + 正义爆棚。

绝大多数年轻人都对这个世界和社会充满希望和期待。所以相比于中年人和老年人，年轻人最愿意表达对成功人士的崇拜，尤其是对白手起家的企业家的崇拜。

另外，年轻人血气方刚，大多充满正义感。所以在他们的表达里，有关弘扬正义，尤其是弘扬爱国精神的内容也比较多。

之所以给大家列举这几个例子，目的不是对不同人群的表达进行深入分析，而是想说明，之所以几亿人的表达只分成几种，是因为同一类人心里存在共同的伦理，是这个伦理左右他们表达。

透明社会所有人都是观察者，所有人都是裁判员，所有人都是表达者。

今天全民观察、全民表达，带来了这个伦理时代。

4.1.3　价值观是最强大的伦理产品

我们常说，一个企业的胜利，常常就是企业价值观的胜利。因为价值观往往代表着企业发展的方向和行事风格，方向正确、行事正确，成功自然很容易。

以往，在大多数人的认知里，价值观只是企业文化的内核。但是，在这个伦理当道的社会，如果说商品是企业的实物产品，品牌是企业的精神产品，那么价值观应该就是企业的伦理产品，而且是企业最强大的产品。如果只有实物产品和精神产品而没有伦理产品，或者伦理产品不对，那么你的企业离倒闭也不会太远。

1. 互联网企业的伦理产品

依靠伦理产品获得成功的案例数不胜数，其中互联网企业及高科技企业是其中典型的代表。

苹果手机可以赢得市场，除了依靠技术，依靠的还有伦理。苹果倡导极简文化，今天的社会太复杂了，所以苹果手机极简主义一下子就击中了我们的伦理。

阿里巴巴的伦理产品是什么呢？让天下没有难做的生意，这一价值观击中的是广大中小企业主心里的伦理。

小米的伦理产品是代表极客、代表发烧友，为发烧而生。这一价值观直接击中了广大理工男的伦理，所以内心拥有工程师心结的人自然都会成为忠实的米粉。

企业的价值观并不是一成不变的，当企业规模发展到一定程度，具有更大的社会责任时，就有可能对价值观进行迭代和升级，腾讯就是如此。在腾讯看来，科技就是一种连接，所以腾讯之前的价值观就是连接一切，QQ 和微信便是实现这一价值观的先锋。今天，随着企业规模不断扩大，腾讯的价值观又上升了一个高度，由连接一切变成了科技向善。因为腾讯发现，在这个透明的世界里，依然有一些人利用科技做坏事，所以腾讯倡导科技向善。这种价值观不仅显示了一个大企业的担当，同时也让用户对腾讯有了更深一层的了解和信任。

2. 房地产行业的伦理产品

其实，除了互联网企业以及高科技企业以外，还有很多其他行业的企业也都在遵循打造优质伦理产品这一原则，其中以房地产企业尤为突出。

在房地产领域，有一个基本被公认的事实，那就是绿城地产的房子保值率非常高。究其原因，主要是因为绿城的创始人宋卫平先生心中有一个建筑师的梦想。所以，绿城的房子品质非常高，而且设计感非常强，三色清水、面砖、八角楼、园林、石材外观，这些元素揉合在绿城房子的设计中，可以分分钟让买到绿城房子的人感觉到，自己买的不是房子，而是建筑作品。所以说，绿城击中了所有真正想要买一套好房子的人心中的伦理。

万达地产在中国之所以取得成功，同样是因为打造了一个优质的伦理产品。万达地产让一座城市的某一个区域陡然变成时尚街区，吸引城市居民的集体目光。所以，有万达的地方就是城市中心，万达击中的是政府心中怀揣着的有关城市发展的伦理，同时也击中了热爱生活的城市居民心中的伦理。

在中国房地产领域还有一个受到顶礼膜拜的项目，那就是成都的锦里古街。锦里古街的位置很特殊，位于成都武侯祠大街中段。要知道，武侯祠是一条死胡同，这对于地产界来说可谓"死穴"，因为死胡同基本没有商业价值。那么，锦里古街为什么成为一个著名的地产项目呢？因为它击中了所有成都人心中的一个共同的伦理，那就是怀旧。如今，成都人怀旧一定要去两个地方走走，一个是宽窄巷子，另外一个就是锦里古街。

由此可见，很多伟大企业的成功，依靠的不仅仅是实物产品和精神产品，更重要的是，它们都拥有非常接地气，同时能够击中人心的伦理产品。

4.1.4 社群营销靠伦理：酣客的两个伦理

既然伦理产品已经成为今天产业发展的必需品，那么要走进社群这个大方法论，如果企业还在依赖过去的广告营销，不仅要投入很高的成本，而且已经很难再有所建树。所以企业现在要做的就是了解伦理。

千千万万的人构成了这个芸芸众生的世界，但是伦理其实并不复杂。对于企业来说，想要获得一群人的信任和喜爱，首先就要获得他们的伦理，顺从他们的伦理，让你的价值主张深达他们内心的伦理，这样就有机会获得空前的支持。

酣客的成功，正是因为创造了两种伦理，而且这两种伦理都顺从了粉丝们内心的伦理。

1. 喝好酒、少喝酒、享受酒、喝健康

中国白酒业最大的伦理是什么？那就是对于大多数喝酒的人来说，第一是不能不喝，第二是躲着喝。

为什么不能不喝呢？因为在中国人的人际交往以及职场、商场交际里，喝酒似乎已经成为一种约定俗成的习惯，好多事情只有在酒桌上才可能谈成。虽然很多人都知道喝了酒很可能会头疼、会吐、会很难受，但是却不能不喝，甚至不敢不喝。

面对这种情况，酣客便提出了第一个伦理，那就是喝好酒、少喝酒、享受酒、喝健康。喝好酒，当然要喝纯粮古法酿造的酱酒，少喝酒就是不要用大杯喝，要用小酒杯小口慢慢咂，慢慢品味，这样才能让喝酒变成一种享受。

具体来说，酣客建议每个人每天喝的酒不要超过体重的千分之一。比如我的体重是180斤，那么一天的饮酒量最好不要超过1.8两。

2. 酿造高品质的好酒

那么酣客创造的第二种伦理是什么呢？

从20世纪60年代开始，中国白酒彻底从农业时代的产物

变成了工业时代的产物,大量的工业技术、化学技术、添加剂技术开始被广泛运用到白酒的制造当中。很多人喝了酒之后头疼、不舒服,主要原因就是白酒里添加了很多香精、香料等化学添加剂。

所以,酣客创造的第二个价值主张就是强调品质,我们要酿造高品质的白酒。酣客酱酒保持了农业社会的生产作业方式,在整个酿酒的过程中,不添加一滴工业酒精、一滴水,完全依靠粮食酿造。所以,酣客酱酒或许会让你喝醉,却绝不会让你头疼,不会让你难受,更不会让你失态。

为什么呢?

因为我们抓的不仅是品质,更是伦理。今天,我们的粮食储备全世界第一,我们的人均粮食占有率也超过了全世界的平均水平。在我看来,粮食够吃了的同时,还应该让我们中国人的饮酒量降下来。所以我认为今天我们不应该再追求酿酒的数量,而应该追求酒的品质,我们要酿造品质更好的酒,而这正是酣客创造的第二个伦理。

当酣客提出这两种伦理之后,很快便获得了一大批有知识、有头脑的企业家的支持。在他们看来,喝酒本身应该是一件让人享受的事情,所以绝不应该为难自己,既要喝品质好的酒,同时也不能多喝,适量即可。所以酣客的市场动力,就是伦理当中的人心对酣客价值观的支持。

当其他企业还在进行市场竞争的时候,酣客已经进入伦理竞争。通过伦理竞争,酣客获得了10万企业家粉丝。

同时，酣客还在这 10 万企业家粉丝中发展了一大批合作伙伴，把他们打造成了酣客的经营者，目的就是帮助他们在下半生找到人生的上坡路。所以拥有酣客酱酒，就意味着拥有了一个先进中年人的事业、高度和远见。

用酣客的话来说，这就是一瓶酒引发的精彩人生，这就是为中年人打造的精神家园。

所以我可以很自豪地说，今天酣客的粉丝比长江商学院和中欧商学院的学员都多，除了源于他们对酣客酱酒的热爱，更源于他们对自己内心深处伦理的热爱。

这就是伦理竞争力。

那么我们应该怎样做，才能让伦理变成社群的一根主线，一个主价值呢？我告诉大家两个方法：第一，道理领先；第二，道德适众。

4.1.5　实现伦理盈余之道理领先：攀登道理峰

道理大多数时候以常识的方式存在于人们的心里，比如纯粮酿造的白酒一定比工业酿造的酒要好，这就是常识；对任何一种食物都不应该贪婪，所以少喝酒、喝好酒一定比多喝酒、喝烂酒要好，这也是常识。

伦理的价值就在于，不用你去教育消费者什么是常识，因为常识原本就住在他们心里。再贵的酒，喝了之后让人难受、让人痛苦、让人撒酒疯，还有人会觉得它好吗？正所谓，顺与和谐高于一切。

所以伦理不是你教的，而是你用一把枪发射一颗子弹，击中了人们心中的伦理。因此，伦理盈余的第一个关键就在于道理优先。

1. 什么是道理优先

举几个简单的例子。纯粮酒要比化学勾兑的酒要道理领先；用铁做钉子比用金子做钉子道理领先；一块布，先做衣服要比直接捆成墩布道理领先。所以，道理就是普遍存在于人们心目当中的，由知识、常识构成对世界的认识。

那么酣客的道理是什么呢？

那就是，卖好酒、让人喝上好酒、让人少喝点酒。同时要让中年人不再颓废，让中年人像年轻人一样充满活力，身体在变老，但是思想不变老，年龄在增长，但是梦想依旧在。

这样的道理又有谁能不认同呢？又有谁觉得它不是领先的呢？

2. 道理优先的关键：攀登道理峰

那么我们该如何做到道理领先呢？也就是说，如何让我们的伦理摆在那就显得很高级，让别人一看就会觉得我们就是一家让人敬畏又敬佩的企业呢？记住，道理领先的方法叫作攀登道理峰。

想要攀登道理峰，就要求我们必须要站在消费者的角度，千万不要站在厂商和自己的角度,因为消费者的认知决定了一个行业道理的高峰。

还是以白酒行业为例。论产业的先进性,白酒行业跟IT互联网、3C数码相比都是落后的。所以,白酒行业的精英数量跟IT互联网行业比少得多;白酒行业高学历人群的数量要比金融行业少得多;白酒行业的博士、院士比医疗行业、科技行业都少得多。

也就是说,在中国人的认知当中,白酒行业基本上就是一个精英少、高学历人才少、学者少,但是生意却很大的行业。白酒行业的道理峰就在全社会的认知里。比如,社会精英也是要喝酒的,博士、院士也是要喝酒的,我们就不能以酒厂的道理峰为道理峰,而要以全社会的道理峰为道理峰,而全社会的道理峰在精英人士的带动下一定是水涨船高的。

比如在我小时候,如果有人告诉我,给朋友发一封电报是免费的,我一定不会相信。因为我清楚地记得,当年我父母每次发的电报,基本都不会超过10个字,因为发电报是按字收费的,非常贵。但是在今天,不要说文字,我们可以随便发给亲朋好友图片、视频、文件,不用花一分钱,这在几十年前是想都不敢想的事情。所以,社会的进步让人们心里的道理从先进到落后变得非常快。

前面提到了因为科研机构少、高学历人才少、专家学者少、行业探索者少,所以中国白酒行业相对来说是一个道理非常落后的行业。从这个角度上来说,跟其他行业相比,白酒行业的道理水平线还在坑里。那么为什么填平这个坑不行，必须要攀登道理的高峰呢？因为道理的追求是永无止境的，只要能够占领人类的常识和认知，那么就可以获得大多数人的心。

因此按照这个道理来说，喝好酒、少喝酒是有道理的；让中年人不再颓废，让生活变得更美好也都是有道理的。

这些事都叫作道理峰。

所以说，获得了道理峰，就等于获得了竞争力，对于营销来说，这要比你投放多少条广告都管用。因为你直接获得了人心，而广告只能获得眼球。看见的并不一定会让人相信，但进入人心里的一定会让人相信。所以道理必须以市场端、客户端、社会端以及全社会的认知为基准去攀登高峰。

4.1.6　实现伦理盈余之道德适众：填补道德坑

我在前面提到了，实现伦理盈余有两个方法，第一个方法就是上面讲过的道理领先，下面我们就来详细了解实现伦理盈余的第二个方法——道德适众。

1. 什么是道德适众

为什么道理要领先，而道德却要适众呢？因为道德的层次太复杂了。

举个简单的例子。封建社会有一种陋习，那就是缠足。这件事有道德吗？当时没有人觉得这件事不道德，因为所有人都认可这样做，所以在封建社会，这件事就是一种普适的道德。可是在今天呢？不要说它不道德，它简直已经反人类。随着时代的发展，道德是不断在变化的，而且内容相对复杂。

所以，企业的伦理问题，道理要绝对领先，但道德却要适众。所谓众，就是你的目标消费群体和你的目标客户阶层。

举个例子。如果你问我全世界哪个国家的人驾驶水平最高，我的回答一定是德国。因为除了德国以外，其他国家对车速都有限制，但只有德国的部分高速公路不限速。难道德国人都是亡命徒吗？当然不是，德国人的这个规定是经过科学验证的。因为德国高速公路的道路质量和道路条件都非常好，而且德国汽车的质量和性能也非常高。在这种情况下，如果限速反而会影响效率。

所以说，速度快其实不是坏事。或许有人会说，速度太快不安全。那么我想问一个问题：当你的汽车状况良好，高速公路路况良好，限速到底是先进还是落后呢？

那么是不是说，在德国开车就可以肆无忌惮地想开多快就开多快呢？当然不是。因为德国的一条交通法规又告诉了我们一个非常重要的道理。这个道理特别适合大家领悟伦理如何盈余，也可以让大家很好地理解为什么道德不能领先而要适众。

这条交通法规事关开车的道德，所有德国的司机都知道，那就是与车流同速最安全。也就是说，大家都开得很快的时候，你开慢了反而不安全；反之，大家都开得很慢的时候，你开快了就会不安全。

道德就是这样，代表的是大多数人的善良和正直。而大多数人认为的善良和正直就是适众。所以，企业道理要领先，要实现尖端科技，要追求最高境界，而道德则要追求普遍的适合。

2. 道德适众的关键：填补道德坑

那么我们该如何做到道德适众呢？填补道德坑就是最好的方法。

或许有人会问，为什么道德必须填坑，而不能去攀登高峰呢？大家可以思考一下，如果我们去攀登道德峰，那么全世界所有的国家都应该颁布法律禁烟禁酒，因为这些都有害身体健康。可能有人会说，只要少喝就行了，不一定要全面禁止，但是有很多喝酒的人是控制不住的。所以，如果站在道德的高峰上，所有的烟厂、酒厂就不应该存在。

再举个更现实的例子。现在有部分女性是坚定的独身主义者，她们不想结婚，只想自由自在地独自享受人生。同时，城市中的丁克族也越来越多，这些夫妻不打算生儿育女，只想二人世界一直到老。那么这两种情况是道德还是不道德呢？如果从人类繁衍的角度来看，这似乎有些不道德，但是如果从女性独立的角度来看，女人决定不依附男人或家庭，而是依靠自己活出价值，活出精彩的人生，这似乎也无可厚非。而且绝大多数抱定独身主义的女性皆来自高知、高学历、高收入的人群，丁克族同样如此。那么，能够说他们不道德吗？能够对他们实行彻底的打压吗？

所以说，极致的道德，很多人认为的领先的道德，对社会和公众来说，并不一定都是理性和正确的。所以我们才说，在道德问题上不能攀登高峰，只要填坑就行了。那么，要怎样填补道德坑呢？

把公认不对的、错误的、腐朽的、落后的、僵化的、保守的、愚昧的坑填平就行了。

比如，用化学勾兑的方法来制造白酒，这就是坑，纯粮酿造才符合人类的共同道德，所以这个坑应该填上；有些商品成本很低，售价却是成本的几十倍甚至上百倍，这也是坑，尖物实价才符合人类的共同道德，所以我们这个坑也必须要填。

所以，道德盈余的标准就是要宽广平坦，让所有人在这条路上都可以高速行走，而道理却要向珠穆朗玛峰进发。千万不能让道德变得像珠穆朗玛峰一样，那样就没有办法实现高速发展，而且从哲学的角度来说也不一定有道理。

如果你能够把所在行业、所在产业与此有关的所有道德坑都填平，那么你的商业大道，你的社群之路就会获得更多的理解和支持。但是如果你总是在道德上以新锐为追求，最终一定会导致大部分人离你而去。

道理是让人仰望的，所以要高；但道德是要适合每个人，所以要平坦圆润。这就是伦理盈余的两个重要方法。

看到这里，大家一定会发现，有关伦理盈余我讲得非常多，篇幅很长，内容也很细。之所以在伦理盈余方面着墨较多，正如我在前面提到的，就是因为伦理盈余在整个社群方法论当中是重中之重。

为什么说伦理盈余是重中之重？因为伦理中既包含道理，也包含道德。无论做产品还是做企业，首先要有道理，其次要有道德。道理是每个人认为的逻辑，道德就是品格善良，初心纯良。如果只有道理却没有道德，你很可能是个骗子；如果只有道德而没有道理，你很可能是个傻子。如果既没有道理也没有道德，那么你的产品和企业就会无人信服、无人认同，甚至遭人唾弃，如此一来，成功还会降临？所以，伦理盈余是社群最大的软性竞争力，因为有了伦理，就可以击中人心，而这正是社群经济的核心所在。

4.2 开度盈余

在过去的企业管理学和经济学当中都没有开度这个词，与之对应的是专家，也就是说，过去鼓励人们要专业，就是在一个相对窄的领域向下挖。那什么是开度呢？开度并不是一个道德概念，而是一个物理学概念。也就是说，开度就是衡量一个人的思想、眼光、学识、格局的标准。简单来说，开度就是一个人打开的程度，如图 4-2 所示。

那么我们必须要打开哪些开度，才能成为一个思想和境界上都宽广的人呢？

- 头脑要有开度，即你的思想、精神要打开，要有宽度和广度。
- 眼睛要有开度，即你的视野要广，对科技、哲学、历史、地理、物理、文学、艺术都要有一定的涉猎。

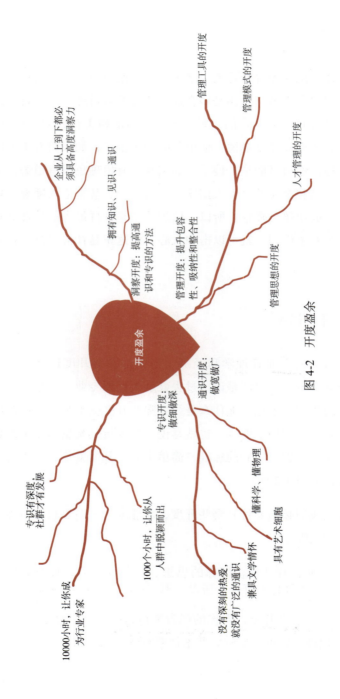

图 4-2 开度盈余

- 接下来，听觉也要有开度。听觉的开度是由你周围的朋友和环境决定的，因为他们决定了你接收的信息，所以，意识上要不断扩充你的社交圈。
- 另外，脖子的开度就是要有表达能力。社交需要表达能力，工作需要表达能力，家长里短也需要表达能力，没有表达能力，社交会遇到障碍，工作会遇到不顺，家庭会产生矛盾，所以我们要让自己成为一个爱表达、善表达、会表达的人。
- 最后，就是心的开度。心门打不开，很容易心胸狭窄，不能容人容事。要想打开心门，就要学会宽容、接纳，遇事既不奇怪也不慌乱，更不要憎恨，知道存在即合理。

那么，开度与做社群有什么关联呢？简单一句话，一个没有开度的人，就无法做社群。

举个简单的例子。我在前面讲过，社群就像是一个无组织、无纪律的自由联盟，所以，在社群里什么样的人都会有。如果不学会接纳，不学会宽容，又怎么去经营社群？而接纳的资本就是你的开度。那么，社群经济都需要具备哪些开度呢？

4.2.1 通识开度：做宽做广

什么是通识的开度？简单来说，就是知识要渊博一些，尤其在你的行业领域内，更要懂得多一些。比如说，要想把产品做好，创新与科研必不可少，所以你要多少了解一些科学和物理学方面的知识；如果你说生活不需要那么多科学，生活需要体验、享受、有趣，想要实现这些目标，就需要你具有艺术细胞；另外，你还要有文学情怀，这样才更突显你的文化层次。

很多酬亲都觉得我这个人挺厉害。我会唱京剧，而且唱得还不错；一架钢琴摆在那，我也可以弹几曲；说到写文章，我也曾是天涯论坛上叱咤风云的人物。另外，我对很多行业都有涉猎，遇到摄影师，我会跟人家聊光圈、快门、白平衡；遇到导演，我会跟人家聊剧本、场景、美术指导；遇到幼儿园老师，我也可以跟人家聊一聊儿童教育的话题。

所以，很多酬亲对我很感兴趣，而且他们中的很多人都搞不懂，我是通过怎样的学习才做到什么都懂点、什么都会点的。其实，我想告诉大家的是，通识并不是来自学习，而是来自热爱。也就是说，一个人知道的东西多，了解的知识多，是因为他热爱的东西多。而一个通识多的人，大概率不是一个坏人，因为他把时间和精力的成本都已经花在了热爱的东西上。

没有深刻的热爱，就不会有广泛的通识。

拥有广泛的通识，可以全方面地释放你的个人魅力。社群是一个群体，做社群就意味着你要为一群人服务。在拥有共同价值观和共同目标的基础上，如果你还能够拥有巨大的个人魅力，无疑可以让你服务的这个群体变得更有向心力，更加紧密地团结在一起。

4.2.2 专识开度：做细做深

做社群要有通识，但是通识开度高，有时候难免会产生一个副作用，那就是抓不住重点。多元化永远不会让人成功，成功的人生一定要高度聚焦。怎样来提高聚焦这种能力呢？那就是必须在你的通识里选择几门功夫，花时间、花精力去深入研究，成为其中的高手，这就是专识。

举个例子。酣客现在很成功，但是，不论粉丝有多少，也不论文化搞得怎样出色，在做酒这件事上我们从不马虎。我可以很自信地说，在中国白酒行业的董事长当中，我可能是脏活、累活干得最多的一个。下地头选高粱、选麦子，对我来说是家常便饭，就连酿酒过程中最脏最累的铲糟子，我也没少干。所以，专识就来自你对所做工作的敬畏之心。

那么，怎样才能成为一个行业的专家，提升自己的专识呢？在这里我告诉大家一个全世界通用的方法，那就是刻意练习。

这个世界上有些东西虽然看上去很复杂，但其实都是有套路、有模式的。只要你掌握了这些套路和模式，然后勤加练习，反复训练，就能融会贯通。

所以，专识丰富来自刻意练习。那么，这种练习要进行到什么程度，才能称得上专识丰富呢？我要用我的经验和经历告诉大家两个数字，记住这两个数字，坚持去做，你就可以成为一个专识丰富的人。

1. 1000 个小时，让你从人群中脱颖而出

在今天，知识的获得越来越容易，如果能够在一个领域内投入 1000 小时，你就可以从周围的人当中脱颖而出，成为佼佼者。

或许有人觉得 1000 小时很长，很难坚持，其实拆分来看，

1000小时并不长，也并不难坚持。作家在写作时，如果灵感涌现，很容易就会几个小时甚至十几个小时地写下去；画家在作画时也是如此，有时候为了打磨一幅作品，他们真的能够做到废寝忘食，不舍昼夜。所以说，当你沉浸在一件事情当中，开始聚焦之后，时间很快就会过去。

那么这1000小时我们该如何拆分呢？在这里我告诉大家一个方法来区分维度：高度浸泡一天20小时，中度浸泡一天15小时，低度浸泡一天10小时。按最少的低度浸泡来计算，每天10小时，1000小时也就是100天左右。如果是中度浸泡，1000小时大概需要60多天，高度浸泡只需要50天。

拿出你人生中的50天到100天，超越周围的人，这难道不是一次本小利大、超级划算的投资吗？

2. 10000小时，让你成为行业专家

如果你想要更进一步，成为一个行业的专家，甚至一个行业当中顶尖的人物，那么只要把时间延长到10000小时就可以了。还是按刚才的低度浸泡来计算，10000小时需要1000天，也就是不到三年的时间。如果你对这个领域非常感兴趣，那么就有可能达到中度浸泡或高度浸泡的程度，成为行业顶尖高手的时间还会缩短。

同样的，用一到三年的时间，浸泡在一个行业当中，成为这个行业中顶尖的人物，这不更是一次本小利大、超级划算的投资吗？

为什么很多人学酬客觉得难度大呢？主要就是因为在这件事情上，很多人并没有付出足够多的时间和精力。而我在 25 岁之前，在白酒这件事上就已经投入了 1000 个小时。比如，很多人都是因为酬客才知道了纯粮酒会浊变这件事，但我在 9 岁的时候就已经知道了。当时，人们在扭伤或跌伤的时候，就会用点着的白酒来揉搓伤处，效果非常好。我觉得白酒很新奇，有一天趁父母不在家，便把白酒倒在碗底，用火柴点着了。等火灭了之后，我发现剩下的酒变得非常混浊。所以，纯粮酒会浊变这件事，9 岁的时候就已经深深扎根在我心里。

30 岁之前，我对白酒就投入了 10000 小时。那时候，我经常往山沟里跑。后来我慢慢发现，中国的好酒产地都有一个相同的特征，那就是两座山中间夹着一条河。之所以要选择这种地形地貌，主要有两个原因。第一，在这种地形当中，空气流动的速度相对较慢，有利于微生物的发酵；第二，土地面积大。这里说的土地面积不是绝对面积，而是相对面积。一亩平原和一亩山地的面积其实是有很大差别的，如果把山地的所有平面都叠加在一起，一亩山地可以拆成五六亩地，甚至十几亩地。土地面积大，就意味着附着在上面的微生物多，而微生物正是粮食发酵的必备品。

这些知识从哪里来的呢？就是在一天一天的钻研、浸泡中慢慢积累起来的。

3. 专识有深度，社群才有发展

如果说通识是横向的开度，那么专识就是纵向的开度，当横向开度和纵向开度都具备了，才能包容下社群所需要的专业能力、通识广度以及专识深度。在专识深度这个问题上，对企业的兼容性和扎根性是一个很大的考验。也就是说，如果专识的深度不够，企业就很难获得太大的成就。

还是以酣客为例。中国白酒企业对酒瓶的研究都不太多，大多数的做法就是找一个企业设计生产一下就行了。但是酣客对于酒瓶却投入了相当多的精力和成本。为了做出符合酣客酱酒要求的酒瓶，我们深入研究了包括石英砂、硅酸盐、萤石、长石在内的多种制作玻璃的原料，同时对制作玻璃的配方也进行了研究，包括如何制作更有利于瓶子的造型。除了玻璃瓶以外，我们还为酣客酱酒配备了很多陶瓷酒瓶。从天圆地方的工业设计，一直到在烧造陶瓷的高岭土的原料当中加入大量含有金属和微量元素的矿粉，我们无一处不精心。加入金属是为了增强瓶子的导热能力和吸收阳光的能力。另外，这种金属矿石含有锌、铁、钙等微量元素，对人体健康也都有好处。酣亲们常说倒在酣客酒杯里的酒比倒在普通酒杯里的酒更好喝，其实真正的原因就在于此。

除了酒瓶，我们在包装材料上也下足了功夫。环保是全社会面临的重大课题，为了保护绿水青山，我们致力于研究埋在土里三个月就可以完全生物降解的材料。同时，好酒值得收藏，必须要有好的包装材料，所以，收藏的酒对纸箱的要求会非常高。酣客有专门的纸箱瓦楞纸研究团队，我们的纸箱不仅结实耐用，而且闻起来真的有一种天然的木头香味。

另外，在高粱和小麦品种的研究、粮食农残的研究以及制曲工艺的研究等方面，酣客也做得非常到位。正是基于这一系列综合多元的专深研究,才实现了酣客酱酒的尖物实价。所以说,在做社群的时候,如果你的企业不具备通识的广度,也不具备专识的深度,便极有可能实现不了今天的消费者的追求,只能停留在满足他们的需求上。

看到这里,或许有人会说,按照这个标准,是不是要把企业变得很庞大、很复杂才能实现社群化呢?其实不然。专识不是专能,有了专识,就可以调动整个社会的资源和整个社会的力量。所以说,你的企业要从劳动者变为思考者,要从自己单打独斗变成调度指挥,成为整个供应链系统和文化链系统的一个总的操盘者。

4.2.3　洞察开度:提高通识和专识的方法

既然通识和专识如此重要,那么应该如何提高这两种能力呢?这时候我们需要的是打开洞察的开度。**洞察是很深入的观察和研究**。过去很多企业总是在学习,但是今天要做社群仅靠学习远远不够。我们要对知识、见识、通识、产品、工艺,以及涉及本行业的所有知识都有非常深刻的洞察,这样才能看到别人看不到的东西。

所以,如果想建立一个独一无二,同时具备高度竞争力的社群组织,那么整个企业从上到下,从企业家到整个团队都应该具备高度洞察力。而且除了对脚下的事物,即本行业内的事物进行洞察以外,还要对旁边的事物,即其他相关联的行业进行深刻的洞察。

在这一点上,我们来看一看酣客是怎么做的。

在对涉及我们专业的各个领域,比如玻璃、陶瓷、粮食、酿造、发酵、微生物等做好深刻研究和洞察的同时,我们对其他行业也有着深刻的洞察。比如,我们对小米、苹果、特斯拉、丰田等企业都做过深入研究,这些企业或在管理上、或在经营上、或在研发上,都有值得我们学习和研究的东西。

我们会定期把华为、丰田、西门子、博世、采埃孚等世界知名企业的学习资料分发给酣客的高级领导干部以及各个分舵的舵主,这就是我们一直引以为傲的"每月酣客推荐阅读"活动。或许有人不理解,一家卖酒的企业为什么每个月要给管理层和合作者分发全世界搜集来的管理和经营学习资料呢?很简单,因为这些企业有着当今世界上最先进的管理经验、最先进的经营理念以及最顶尖的科研技术,在这些方面它们无疑是酣客学习和研究的对象。

从知识的获收和吸收的角度来说,酣客的员工都非常幸福,因为他们在这里可以学到非常多的知识和经验。除了可以学习到诸如德鲁克和科特勒的管理和营销方法以外,他们还可以学习到荣格的人格心理学、弗洛伊德的性格色彩分析以及潜意识心理学等知识。酣客的学习氛围特别浓,而且我们并不是散漫地学习,而是在不断的学习中逐渐打开大家洞察的开度,以便让大家掌握更多的知识。

所以,做社群想要提高通识和专识,就要在专业以及相关的领域里下足功夫。比如做白酒,就应该把保乐力加、帝亚吉欧这类世界领先的白酒企业拿来研究；做收藏品，就要把百达翡丽、江诗丹顿、积家、宝玑等有几百年历史的企业拿来研究，研究他们是如何把一块腕表变成收藏品的。

这种对世界的洞察、对知识的洞察以及对人性的洞察是打开开度、经营社群的必经之路。你对世界的观察有多宽、多深，你的企业驾驭社群的能力就有多强。

4.2.4 管理开度：提升包容性、吸纳性和整合性

除了洞察的开度，做社群还要打开管理的开度。管理的开度，简单来说就是在管理的各个维度，比如管理模式以及管理工具上，都具有包容性、吸纳性以及整合性。

1. 管理思想的开度

想要打开管理思想的开度，就要懂得取他人所长为自己所用。比如，今天在世界范围内，丰田都是精细制造做得最好的企业之一，而科研创新领域做得最好的企业有华为、三星、西门子。

先进的企业必然会有先进的管理思想，也必然会有它们的成功之道，站在巨人的肩膀上，自然会获得更多的机会，所以我们要时刻以这些企业为榜样。或许有人会说，做白酒需要懂科研、懂创新吗？当然需要，首先要在思想上有一个高度的认知，这样管理才会有的放矢。

2. 人才管理的开度

人才管理的开度首先体现在人力资源的开度上。比如，酣客

相当多的中高层领导者和各部门的精英在世界 500 强企业工作过。酷客需要他们在工作中发挥自己的能力和经验，为公司创造更多的价值。同时在酷客的仓储部门、后勤部门和服务部门，也有很多学历并不高的年轻人。他们不需要创造，不需要发挥，他们要做的就是坚守岗位，同时对公司铁血忠诚。所以，酷客在人力资源上的开度非常大，上至顶级人才，下至普普通通仅需忠诚的底层员工，全部可以包容其中。

其次，人才管理的开度还应该体现在是否要把人才管理置于业务战略的核心位置上。不可否认，大多数企业都已经认识到人才问题是企业管理的重要课题，也为此投入了大量的时间成本和物质成本，但同样不能否认的是，很多企业做得还远远不够，甚至有的企业只做了一些表面文章。究其原因，是这些企业依然把人才管理视为短期的战术，而未能将其视为长期业务战略中不可或缺的组成部分。

对酷客来说，人才管理是企业发展的重中之重，我们不仅包容和吸纳了各个层次的人才，同时我们还形成了一个良性的用人机制，为所有员工提供培训和升迁的机会；另外，我们还强化了人力资源部的工作属性，那就是做好基础的人才管理的同时，还要积极为公司老板和高层提供可信和积极的建议和支持；最后，我们人力资源总监必须掌握更深厚的业务知识，这样才能为吸引、激励和留住人才奠定基础。

3. 管理模式的开度

我在前面提到过，今天已经很难像 30 年前一样产生华为、联想那样的超级公司。不过，虽然它们的模式很难再复制，但是我们可以换一个角度和思路，从大而全的角度转向小而精，做垂直深耕，比如深入研究以小组制著称的阿米巴工作法。

阿米巴工作法是稻盛和夫提出的一种经营模式，从本质上来说，就是通过划分小组的模式，将企业变成若干个独立的利润中心，让责任主体下沉，从而实现解放高层、改善经营的目的。这种管理模式可以让各个小团队进行短促出击，从而迅速占据市场。有很多大企业都借鉴或直接采用了阿米巴模式，而且有很多都取得了不错的成绩，苏宁电器就是其中之一。

随着移动互联网时代的到来，传统零售时代的经营模式与打法已经跟不上市场的变化了，于是苏宁电器开始对自身的组织进行重构，重构的基准就是向阿米巴模式看齐。在阿米巴经营模式下，苏宁将传统金字塔式的组织管理方式进行了颠覆，形成"倒金字塔组织"，即让基层工作人员处于顶层，赋予了各门店基层管理者充分的权力，让其在权力范围内可以自行决策。这种经营模式，让苏宁智慧连锁零售焕发出了新的生机，取得了非常不错的市场反响和成果。

所以，当大而全的管理已经不再适应这个时代的时候，我们就应该及时转变思路，换一种更适合时代发展、更适合企业进步的管理模式，而这种转变体现出来的就是管理模式的开度。

4. 管理工具的开度

过去很多企业都要自建信息化系统，酣客也是如此。但是现在我们发现，在云管理的大背景下，必须要基于社会资源来完善你的信息化系统。所以，我们在社会化的企业管理软件领域，既进行自我开发，同时也使用第三方工具，这样才能让我们的信息化系统更加完备，发挥更大的作用。

在管理的开度上，酣客始终做得非常出色。举一个最简单的例子，今天如果有人问我，酣客的公司总部在哪里？我很可能回答不了这个问题。为什么？因为我们的公司总部不止一个，有很多个。过去如果有人说一家企业有多个总部，听起来似乎不可思议，但是今天的酣客就是这样一家不可思议的公司。

那么，酣客为什么会有多个总部呢？很简单，那就是不能让人才为了一份工作，从全国各地都跑到一个地方来上班。全国酿造酱酒最好的地方就在贵州省仁怀市茅台镇，全国最好的供应链却在广东；设计人才主要集中在北京，而战略思维专家却主要聚集在上海；全国酒风盛行的地方在河南、河北、山东、山西；全国仓储物流最发达的地区则是传统的陇海线和京广线的十字交叉点——郑州。所以，我们在广州、北京、济南、郑州以及贵州都有一个总部级的机构。那么具体来说，酣客的这几大总部在功能上是如何区分的呢？

贵州是生产和制造总部。此外，中国最好的酒瓶在四川和重庆，最好的印刷工艺在浙江和江苏，所以贵州这个总部就要以生产为核心，协同这些制造商，形成一个大的集群。

郑州是仓储物流总部。我们的产品生产出来之后，自然要寻找一个全国交通最发达的地点作为仓储和物流的总部，首选当然是郑州。所以我们在郑州布局了超过3万平方米的现代化仓储中心。同时,当华东市场逐渐壮大之后,我们又在华东建立了几个总仓。在仓储物流方面我们始终在向京东看齐。

相对来说,作为全国的传媒中心、工业设计中心、人力资源中心以及电商化运营中心,北京更有优势,所以与这几大板块相关的中心机构都设立在北京。

而济南之所以也设立了一个总部级的机构,是因为这里离市场最近,离消费者最近。正如我在前面提到的,山东是中国酒风盛行最具代表性的一个省份,山东人爱喝酒全国闻名。所以我们的文化教育、市场渠道以及酣客研究院都设在了济南。

极具发展潜力的粤港澳大湾区的核心在广州南沙自贸区,所以我们在南沙自贸区也设立了一个总部。除了承载公司的行政和财税等工作以外,我们还在南沙自贸区建立了一座酣客博物馆,供大家参观。

所以,酣客的总部到底在哪里?这是一个很难回答的问题,我们能回答的只是每一个总部主要负责的是什么。这就是管理开度的体现。

从酣客的例子中我们可以看出,想要把社群做好,在管理文化、管理工具、办公室地点、人力资源以及对人才的定义等方面,都需要有开度。企业的包容力很重要,其中包括对文化的包容、对挑剔的包容、对清高的包容、对骄傲的包容、对追求的包容、对需求的包容、对薪资的包容以及对工作地点的包容,等等。

在这个产品过剩、物质泛滥、信息爆炸的时代，如果你的社群不能对人性、人才、顾客有全面的包容，那只能算是一个打着社群旗号的传统企业。要做社群，先要自我审查一下，看看你的企业是不是一个开度很大的企业，是不是一个包容力很强的企业。

所以，开度盈余就是要把企业打造成一股流水，这样才能跟上世界这条大江的潮流，一直走向成功。

4.3 情怀盈余

相信大家对情怀这个词都不陌生，在互联网发展刚刚步入快车道的那几年，曾经有很多打着情怀的旗号且具有互联网思维的企业争相上线，而且有很多都曾风光无限。但是，市场是无情和残酷的，经过几轮大考，到了今天，有很多原本非常重视情怀的公司都倒闭了，即使尚存的也大多经营得并不太好。这是什么原因呢？

在我看来，主要是因为他们只有情怀，缺乏我在前面讲过的那些根基。也就是说，他们缺乏的是在粉丝、认知、价值、伦理以及开度上的盈余，所以他们才会失败。那么是不是说，只要有了牢固的根基就不需要情怀了呢？也不是，无论到何时何地，情怀都是非常重要的，如图 4-3 所示。

那么，什么是情怀呢？理解中国字词的一个简单的方法就是拆解，所以我对情怀的理解就是"深情感 + 宽胸怀"。

第 4 章 理、开、怀：用伦理和开度打造胸怀

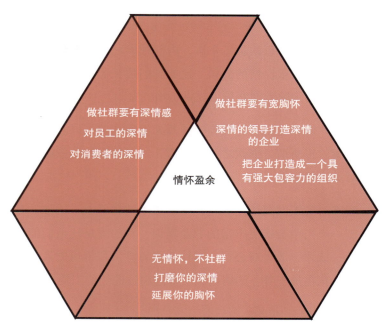

图 4-3　情怀盈余

4.3.1　做社群要有深情感

所谓深情感，就是深情，也就是说，你要做一个深情的人，做一个深情的社群。那么这种深情都表现在哪些方面呢？比如，给你的员工提供最好的待遇和福利，对一项技术投入专注的精力和偏执的狂热，对你的顾客虔诚，以及对你的商业模式谦卑，这些都是深情。

那么，具体来说要深情到什么程度呢？下面我们就从对员工和消费者深情的这个角度来详细解读一下酣客是怎么做的。

1. 对员工的深情

对于在酣客上班的员工来讲,内部社群化思维就是必须让他们感觉这是一家很深情的公司。比如我们延长了哺乳期女员工的产假,还专门为哺乳期女员工提供了哺乳室。

延长产假和支持母乳喂养都涉及人类的利益,以及孩子和母亲的健康。正所谓,细微之处见真情,所以酣客的这些做法无一不是对员工的深情。

酣客对员工的深情还体现在不惜成本的培养上。比如,有很多员工一年当中会接受丰富的职业培训,目的就是让他们能够快速成长、成才,成为对公司、对社会更有意义和价值的人才。很多时候,花在员工身上的培训成本都远超过他们的工资所得。

2. 对消费者的深情

对员工深情的同时,酣客对消费者同样深情。酣客的很多粉丝都有我的微信,而且他们从来不会觉得我是酣客的老板,他们只把我当成一个很好的朋友。有什么大事小情都会来征求我的意见,只要是在能力范围内的我都会给出建议,或者予以帮助。

比如,粉丝中的一些企业家在上市的时候,不知道财务报表请哪个会计师事务所更稳妥,这时候我就会给他们推荐;很多大型企业的现代化管理都离不开信息化 ERP,一些大企业家在做 ERP 选型时,常常会让我跟着他们去听方案,希望我能给出更好的建议;有些企业家经营公司遇到瓶颈想要转型时,也会找我去帮忙做战略设计、定位研究、品牌确立、品类研究,等等。

虽然经常被各种粉丝企业家们"支使"得团团转，但我却乐此不疲。而且，我的应酬并不多，因为在我看来，把酣客的粉丝照顾好、管理好、安排好才是最重要的事情。

4.3.2 做社群要有宽胸怀

刚才我提到了，情怀就是"深情感+宽胸怀"。也就是说，首先，作为一个企业的领导，你要做一个有情的人，对员工、对消费者、对工作、对事业有情，而且你要把企业打造成一个深情的企业；另外，你还要有胸怀，把企业打造成一个具有强大包容力的组织。

还是以酣客为例，我们来讲一讲宽胸怀。

今天的酣客有10万企业家粉丝，他们是我们最忠实的消费者。但是我想问大家一个问题：这10万人的格调都是一样的吗？酣客奉行的是"敦厚靠谱"，那么这10万喝酣客酱酒的人全都敦厚靠谱吗？这是我不能确定的。在这个群体当中，难免会有一些与我们价值观不同的人，与我们的风度、风格和品位不同的人。

那么是不是说，只要与酣客价值观不同，我们就要驱逐，只要与酣客的风度、风格、品位不同，我们就要排斥？当然不是。酣客能做的就是包容，用宽广的胸怀去包容这些人。当然，酣客的包容也是有界限的，那就是必须在不影响公众利益的前提下。

比如，我们不允许粉丝在微信群里发起募捐，无论出于何种理由。乍一看，这种做法似乎有些不近情理，但实际上我们保护的是大多数人的利益。因为从客观的角度来看，微信群是一个公众场所，有人发起募捐，对群里的人来说就有可能造成情感绑架或道德绑架，所以我们不支持这种做法。但是，如果某一位粉丝有难，酣客和我个人都会竭尽全力地予以帮助。我们反对在微信群发起募捐，是为了公众的利益；我们在私下里对粉丝进行无私的帮助，这就是我们的情怀。

4.3.3 无情怀，不社群

情怀对于社群来说，不仅是一种不可或缺的存在，更是为社群增添无限魅力的法宝。如果有一个非常著名的白酒品牌倒了，你们会不会觉得痛苦？看到这个问题，相信很多人都会觉得奇怪，觉得我提的这个问题有些不合常理。中国的白酒品牌数量数不胜数，倒掉几个对消费者来说都不会造成太大影响，因为选择的余地很大。

但是，如果今天倒掉的是酣客呢？我可以很自信地说，如果酣客公社倒了，或者我哪天心血来潮不干了，会有很多人感到痛苦。

首先，我们的员工会痛苦，因为他们不仅失去了一份工作，也失去了一份热爱的事业；其次，我们的很多粉丝也会很痛苦，甚至会影响他们的生活方式；最后，我们的合作者，比如总社、分社、酒窖的经营者也会很痛苦，因为他们的事业会出现很大波动。

所以，如果酣客有一天倒掉了，很多人都会痛苦，会迷茫，甚至不知道接下来的人生路该怎么走。那么酣客的魅力到底是什

第 4 章 理、开、怀：用伦理和开度打造胸怀

么，情怀又能给人们带来什么呢？

举个简单的例子。酣亲中有很多人都有过国外旅行的经历，但是参加了酣客国际游学之后却发现，城市还是那个城市，国家还是那个国家，自己单独去和跟着酣客团队一起去，有着不同的体验和感受。这是为什么呢？因为我们是一个组织，一个团队，出发之前我们会进行周密地安排；而且无论走到哪里，大家都会相互帮助，相互照应，不会让任何一个人感受到孤身在外；过去出国，接待他的除了酒店就是商场，除了旅游名胜就是风景区，但是跟着酣客的团队，他有机会到不接待个人游客的地方去参观。

另外，参加酣客国际游学，会让大家在享受更好的服务，得到更好的体验的前提下，花费更少。这也正源于酣客一直奉行的尖物实价的理念，我们从不摆谱，更不会到国外去摆谱。我们的目标就是去吸收先进企业、先进社会、先进国家的文化和经验。

所以，参加过酣客的国际游学之后，很多酣亲都决定不再单独旅行了。因为跟着酣客的国际游学团队无论走到哪，酣亲都会感到很自在惬意。即使身处海外，我们这个团队也会让酣亲感觉生活没有变，圈子没有变，朋友没有变，连衣服都没有变，更重要的是，再也不会有人把酣亲当成一个普通的游客。

这就是酣客表现出来的情怀。我们不仅对产品有情怀，对员工有情怀，我们对顾客和粉丝更有情怀。所以，很多粉丝才会把我们当成下半生生活和事业的依靠。如果你也想做社群，千万记住，一定要不断打磨你的深情，不断延展你的胸怀。

无情怀，不社群。

伦理是整个社会的幕后导演，"道理+道德"是一切生意的必备品，伦理盈余是社群方法论的基础和指引；开度盈余意味着做社群的人打开自己的程度要深，这样做出来的社群才具有更大的包容性，进而拥有更多成功的可能；情怀虽然有些老调重弹的意味，但"深情感+宽胸怀"却依然历久弥新。

综上所述，伦理开怀，用伦理和开度打造胸怀，虽然这是一种很直白的解释，但却十分贴合社群方法论的要义。

第 5 章 | CHAPTER

信、关、工：打造软硬件并行的管理底盘

信、关、工指的是信息盈余、关系盈余和工具盈余。简单来说，就是在信息层面要实现信息化与信息力的领先，否则社群就是无源之水、无本之木；在关系层面，要学会利用粉丝聚淀和社会关系裹挟，不断增加粉丝基数，不断增强粉丝黏性，把粉丝变成"死党"；在工具层面（技术工具、文化工具、管理工具），不仅要在硬件支持上领先，还要在软件的管理和文化传播上保持优势。

简言之，信息盈余、关系盈余、工具盈余，是做好社群管理的硬件装备和管理底座。

5.1 信息盈余

什么叫信息盈余？

通俗地讲，就是知道的事情比别人多。

什么叫信息？一切消息、讯息、政策，还有行业相关的知识、法规，都叫信息。另外，人与人之间的联系也是靠信息。

在今天这个世界，我们已经离不开信息。但是，仅仅获取信息还不够，我们还必须对信息进行管理，这样才能让信息为我们所用，发挥其应有的价值。

社群是一种能快速崛起，并且在短时间内用低成本获得市场占有率的商业模式。这就意味着，经营社群要在短时间内处理大量信息。1 个顾客跟 100 个顾客所产生的信息量是不一样的，100个顾客跟 10 万个顾客所产生的信息量更是有着天壤之别。所以，怎样处理这些海量信息便成为考验社群运营能力的重要指标。

由此可见，经营社群同样需要学会处理信息。一天只有 24 小时，一年只有 365 天，做社群不会让一天变成 48 小时，那么在短时间内，如何处理海量的信息呢？

社群的市场是非线性成长且高倍速扩张的，想要处理更多的信息，必须要有两种能力：一种是信息化盈余，一种是信息力盈余。

5.1.1 信息化盈余：实现软件、硬件的全面信息化

信息化是一家公司的基础技术平台。简单来说，信息化盈余就是你的基础技术平台，无论是软件还是硬件水平都要强大且稳定。否则，就无法处理社群产生的海量信息，从而影响社群正常运营。

说到信息化盈余，酣客在这一方面做得非常出色。

每一年酣客在信息化盈余方面都会投入大量资金，其中包括租赁云空间，建设和维护内网、外网，还有每个总部的建设投入。另外，还有对网络设备的投入，对整个公司数据档案的投入，对各种软件、硬件的投入，等等。这些都是酣客为信息化盈余所做的努力。

或许有人会说，这不就是信息化管理吗？但在我看来，用信息化管理已经很难说清楚信息化盈余，酣客确实用最短的时间处理了大规模业务吞吐。大家都知道酣客是一家有伦理、有情怀的公司，但是却很少有人知道我们在信息化建设上投入了多少人力、物力和财力。下面就来给大家揭秘酣客的信息化建设。

在酣客创建伊始，我们就决定开发自己的 OA 系统。

那时，用友软件和金蝶软件是国内一流的软件公司，我们把要求发给这两家公司，选择了最好、最合适的一套系统。但是，这套花了大价钱买来的系统没过多长时间就作废了，因为它的 SaaS 和 CRM 已经满足不了酣客的需求了。

接下来，我们在公司内部成立了信息部，高薪聘请了很多信

息化公司的高手，然后开始建立酢客自己的信息化平台。但是，随着互联网技术不断革新，我们投入大笔资金搭建的信息化平台又很快跟不上科技发展的脚步。

对酢客这样以用户为本的企业来讲，社群运营过程中会产生大量客户数据、客户档案、产品信息以及研发信息，这些信息分别以图片、视频和文字呈现。面对这些海量的信息，我们只能把过去的自建信息化全部上云，利用云思维对信息进行存储和处理。信息全部实现云化之后，我们等于在天上重建了一个酢客。

2020年，酢客的信息化将再往前迈进一大步，因为现有的系统很快就无法继续满足我们的需求，目前，App项目已经提上日程。如果要做好App，至少需要两个团队，一个做安卓系统，一个做iOS系统。除此之外，我们还要做内容、做UI（用户界面）设计、做运营，所以酢客在信息化建设上会持续不断地加大投入。

这就是酢客的信息化建设。

所以，今天你要做一个社群，只学浅层的人文功夫、情怀功夫、伦理功夫是远远不够的，以信息化、信息力为重要内容的深层核心技术更加重要。根据酢客的信息化建设流程，我给大家总结出几点可以参考的建议。

第一，在企业内部建立信息部门，建设信息化平台。

第二，当企业达到一定规模之后，可以考虑搭建云平台。

第三，不断招揽信息化建设方面的人才，为企业的信息化建设储备中坚力量。

为什么要进行信息化建设？举个简单的例子，人类跑 100 米目前最快要 9 秒 58，这是奥运会冠军的水平，但信息一秒却可以"跑"30 万千米。更重要的是，实物无法复制粘贴，但信息可以。并且，信息可以在瞬间对社群中的所有人进行触动、激发和催化。所以，基于信息化平台建设社群化是一种刚需。

如果你的社群只想玩情怀，而不想在信息化建设上进行投入，那么就不要做社群，因为狭隘的思维无法实现真正的社群化。

总之，信息化盈余就是要在企业中进行信息化建设，而且仅做到维持现状的程度还不够，要达到远远超过一般企业的水平，最好能够给未来十年留下空间，让企业在信息化建设上始终保持领先。

5.1.2 信息力盈余：从数据到信息再到知识和经验

完成信息化盈余，对于实现信息盈余来说还不够，还要做到信息力的盈余。信息力就是对信息进行收集、归纳、整理、提纯、分发和保密的能力。简单来说，信息力盈余就是制造信息和传播信息的能力要强大。如果说信息化是"投入＋运营"，那么信息力就是"管理＋管控"。

那么信息力是如何发挥作用的呢？

简单来说，要对信息进行管理和管控，首先要对信息进行捕捉和收集。那么信息从哪儿来呢？答案就是：服务部门不能只服务，要生产信息；文化部门不能只做文化，也要生产信息。当从不同的渠道捕捉和收集信息之后，是不是这些信息就可以发挥作用了呢？当然不是。

举个例子。比如酣客把某品牌白酒的市场销售数据全部收集回来，这些数据可以被称为信息吗？当然不能，这些数据只是数据。工作人员需要对这些数据进行筛选、合并、归纳和删除，经过整理的数据才有可能变成有价值的信息。同时，整理之后的信息中不可避免会存在一些垃圾信息，所以只有经过深度加工、智能化处理的信息才能变成知识和经验。

这种信息的管理和管控，同样也是社群化企业必须要具备的技能。具体来说，可以参考以下3个方法来推进。

第一，要引入拥有相关技术和管理经验的人才。

第二，要善于调度企业中的各个部门来收集信息。

第三，要不断完善企业的相关制度，比如对信息管理的考核制度、监督制度等。

从数据到信息，再从信息到知识和经验，一共经历了三重境界。当信息实现知识化和经验化之后，再做好保密工作和分发工作，同时做好决策支持和管理支持，这一系列流程下来，就是信息力的整体体现。这种能力达到相当高的水平，也就实现了信息力盈余。

5.1.3 没有信息盈余，社群就是无源之水、无本之木

那么，信息盈余能给社群经营带来哪些好处呢？

举一个简单的例子。中国有很多年营业额达到百亿的白酒企业，其员工人数基本都上万，有的甚至有几万。这样平均算下来，每名员工的营业额大概是几百万。但是在酣客，你知道每名员工折合的营业额是多少吗？答案是一千多万。为什么我们的人均营业额这么高？因为我们有两大"法宝"——信息化和信息力。

所以，如果你不能学会让信息帮你工作，那你的公司就只能像蜗牛一样慢慢向前爬。即使你的公司发展得并不慢，但是在很多时候，依然跟不上社会的发展和科技的进步。20世纪90年代，我在高速公路上开车觉得非常快，但是今天我坐在高铁上，却感觉高速公路上的汽车开得很慢。同理，企业自身发展得快很重要，但更重要的是要跟上社会和科技的发展。

所以有很多人认为一家公司的管理只是制度问题，我不能认同。在我看来，抛开制度问题，我们最先应该看到的是硬件和介质问题。也就是说，如果你的公司没有建立起以信息为核心的管理体系，那么就没有资格探讨管理的问题。

参观过酣客的人都会发现，酣客的办公室都非常简朴，尤其是我的办公室，小的就像个鸽子窝一样，可以说是酣客最小的一间办公室。

酣客是一家节俭的公司，我们在办公环境方面的确非常节俭，但是在信息化和信息力的建设上绝不省钱。正是得益于信息

盈余，我们才获得了巨大的成功。

如果你的企业不能实现信息盈余，就很难适应现代化社会的管理。尤其对于社群来说，面对众多粉丝产生的大量信息，需要有脉络地管理，而这一切只有信息盈余才能实现。

没有信息化和信息力，社群无异于无源之水、无本之木。

5.2 关系盈余

有了信息化和信息力，我们在社群管理和运营时就会如虎添翼。但是，实现了信息盈余，1个员工就能够维护1000个客户了吗？而且，我们的管理还没有实现全员化，这种情况下，会计应该怎样管理市场，设计师又该怎样管理市场呢？

信息盈余并不能帮我们实现高效管理。不过，想要实现1个人管理1000个人也并不是没有可能，满足一个前提条件就可以，那就是这1000个人都是你的熟人，即跟你的关系和情感都比较亲近。所以，在社群这样一个庞大的市场帝国里，想要实现更高效的客户管理，就必须重新定义你和客户的关系。

传统企业跟客户是什么关系？大多数是商品买卖的关系。有很多企业一直都信奉"顾客就是上帝"，但是真正把这种关系落实到位的却并不多。那么对社群来讲，什么是顾客，什么是粉丝呢？答案是朋友。当你重新定义与客户的关系之后，即实现关系盈余之后，你的管理就会变得非常轻松，非常高效。

如何重新定义与客户的关系，或者说怎么把消费者变成朋友，从而提高社群粉丝管理能力呢？这其中包括 3 个方面：

第一，客户关系升维；

第二，粉丝聚淀；

第三，社会关系裹挟。

5.2.1 客户关系升维：把粉丝变成资源和资产

什么叫客户关系升维？从消费者变成客户，从客户变成朋友，从朋友变成"死党"，这就是客户关系升维。

如果不能实现客户关系升维，是无法对社群进行管理的。那么，应该如何定义"死党"呢？"死党"不是酒肉朋友，"死党"更不是微信好友。在我看来，"死党"应该是那个当你要借一大笔钱应急的时候，不用你打借条就让你把钱拿走的人；"死党"应该是当你落难的时候，能够对你拼死相救的人。

社群经济除了信息化和信息力，还需要对客户关系进行重塑，其中最重要的就是把客户都变成我们的"死党"。

今天有哪个企业敢说和自己的客户是"死党"呢？我不知道别人敢不敢这样说，但我们酣客敢。酣客的粉丝都是我们的"死党"，毫不夸张地说，我感冒发烧的时候都可以收到几百条酣客粉丝的关怀信息。

举一个非常现实的例子，我们请客吃饭，总是少不了喝酒的。如果有一天,朋友请你吃饭,喝的却不是你爱喝的酒,请问你会翻脸吗?比如你平时特别喜欢喝中国白酒,可是朋友请你吃饭却偏偏喝的是你最不喜欢的洋酒,请问你会跟朋友翻脸吗?相信绝大多数人都会客随主便,不喜欢少喝一点就可以了。但是,如果这个人是酣客的粉丝,他可能真的会翻脸。他大概率会对朋友说:第一,这个酒我不喝;第二,为你的健康考虑,我劝你也不要喝;第三,如果你觉得我不喝就是不给你面子,或者仗着职位比我高、公司规模比较大就强迫我喝,那咱们以后就不用做朋友了。

请问大家见过这种客户吗?这就是我们酣客的粉丝,也是我们的"死党"。对酣客来说,顾客和粉丝压根不是工作压力和成本,而早已经变成我们的资源和资产。

所以,如果你也想拥有这样的"死党"消费者和粉丝,就要利用各种方式去实现客户关系升维。下面就给大家介绍几种客户关系升维的方法。

1. 打造爆款产品

其实,从客户变成"死党",虽然角色有了转变,但归根结底还是基于客户关系。对客户来说,认可一家企业最主要的原因就是认可企业的产品,所以利用产品来实现客户关系升维是最本质的一种方法。但是,不是所有产品都可以把客户变成"死党",如果是单品爆款则有很大可能。前面我提到了,如今消费者的注意力会被无限分散。在这种情况下,要想吸引客户的关注,最好的办法就是做单品,打造爆款,iPhone 手机就是依靠爆款获得巨大成功的最好例证。

2. 超出客户预期

无论对于产品还是服务，客户肯定乐于得到超出预期的体验，这就需要企业不断提高和改进产品和服务质量。简单来说，就是做到低承诺、高回报。比如最直接有效的，提前完成客户的订单、交付的产品质量比合同规定的高出一个等级，等等。长此以往地执行低承诺、高回报的服务，客户就有很大概率变成你的粉丝，甚至"死党"。

3. 积极询问客户反馈

无论客户对你的产品或服务是否满意，你都要积极地收集客户反馈。一方面，客户的反馈会帮助你确定客户的具体需求，以便找到最好的问题解决方案，提升服务质量；另一方面，这种积极的沟通，还可以让客户感受到你对他们的时刻关注，从而让他们感觉到被尊重。这份关注和尊重自然会获得相应的回报，那就是客户对产品和企业越来越深刻的认同和信任。

4. 常对客户表达感激之情

营销是企业的命脉，而客户是营销的命脉。所以，企业应该时刻对客户抱有感恩之心，最直接的体现就是利用各种机会对客户表达感激之情。比如，给客户返利、打折，定期送礼物，邀请客户免费参加企业福利活动，等等。

5.2.2 粉丝聚淀：实现强关系、强链接

当把客户变成"死党"之后，是不是就意味着实现了关系盈余呢？当然不是，还需要实现粉丝聚淀。什么叫粉丝聚淀？我们

来拆解一下，聚就是聚集，淀就是沉淀。粉丝的聚淀，就是增加粉丝之间的聚集和关系沉淀，简单来说就是让粉丝与粉丝之间也变成"死党"的关系。把粉丝变成你的"死党"，再让粉丝与粉丝之间也变成"死党"，这样才能真正实现关系的盈余。

当然，在这一点上酣客做得同样很成功。正如我在前面提到的，酣客从年头到年尾，大大小小的各类活动持续不断，从一年一度的大型酣客节到国际游学，从下酒菜活动到酱香之旅……我们之所以举办这么多活动，最主要的目的就是给我们和粉丝以及给粉丝和粉丝之间搭建一个相互认识、相互交流的平台。正所谓，多相聚，多沉淀，才能多提升。

所以，在酣客的活动上经常出现一种很特别的社会现象。两个人一见面便亲热得不得了，又是拥抱又是握手，你帮我拉箱子，我帮你拿衣服。在不知情的人看来，这两个人一定是多年的好友，而且关系亲厚。但事实却是，安顿完之后，其中一个人会问另一个人："对了，你姓什么来着？"原来，这两个人根本就没见过面，他们相互熟悉的或许只是微信昵称，彼此的相貌只是在酣亲的"我的最美中年画册"里看到过。尽管如此，却一点也不会影响他们之间的关系。所以，酣客里有很多亲密无比的"陌生人"，而这就是粉丝关系聚淀的结果。

想要实现粉丝关系的聚淀其实很简单，那就是因聚而淀，因淀而聚，多聚多沉淀。正如酣客经常组织一些活动，让大家有机会聚在一起。其实这个道理跟年轻人谈恋爱是一样的。两个人谈恋爱，总要聚在一起才好谈，如果总是异地，很长时间也见不到面，还怎么谈呢？夫妻之间也怕长期分居，长时间不见面，相互之间的感情也很难维系。我们跟粉丝的关系，以及粉丝跟粉丝之间的关系也是一样的，要没事常聚在一起，没事多参加一些活动，这样才能实现关系的盈余。

要想把客户聚在一起，企业可以通过以下两种方式来实现。

1. 组建线上客户社区

可以通过微信订阅号把客户聚到一起。通过微信订阅号，企业可以向客户发送信息，与客户进行互动。通过微信群，可以让客户与客户产生联系，以此加深企业与客户、客户与客户之间的关系。

2. 组建线下粉丝交流社区

要想把客户与客户也变成"死党"关系，仅仅依靠线上活动自然不够，更重要的是要经常举办一些线下活动，比如，企业的新品发布会、周年庆典、年终晚会，把客户都聚在一起，让他们面对面互动，实现关系聚淀。

5.2.3 社会关系裹挟：你的关系就是你的财富

除了粉丝聚淀以外，想要增加粉丝数量，实现关系盈余，还有一种方式，那就是利用社会关系裹挟。下面我就以酣客为例，给大家详细讲一讲如何利用社会关系裹挟实现关系盈余。

1. 酒窖模式

酣客酒窖的前面是一个小型白酒博物馆，后面是一个私房菜餐厅，每一个城市的酒窖都是这样的结构。很多酣客粉丝经常光顾，酒窖的经营者经常鼓励这些粉丝带一些自己的朋友、同事来酒窖参观、吃饭，而这些人就是我们要争取的潜在客户。

一般来说，第一次到酣客酒窖参观的人，看到我们对于白酒文化的解读，看到我们的各种酒类文化展品，都会发出感叹，觉得酣客把中国的白酒文化展示得非常到位；而当他们吃了我们的私房菜后，也大多会感叹菜品色香味俱全和经济实惠。所以到最后，很多人都会主动提出，自己是否可以常来，下次是否可以在这里请客。我们的酒窖经营者自然会欣然同意：当然没问题，只要买我们的酒，成为我们的粉丝就可以了。所以，来过酣客酒窖的人，很少有不变成粉丝的。

通过这种方式发展成为酣客的粉丝不在少数，其中还有一部分人，更是一下子就发现了酒窖这种商业模式的优势，直接提出合作意向。对于我们来说，这自然是求之不得、欢迎之至的。

酣客这种酒窖商业模式的属性，使得我们基本不用在繁华的商业街租赁商铺，因为地点偏僻一些也不会影响营业，所以在房屋租赁这一项就可以节省一大笔费用，而且有很多酒窖都改建于粉丝的商住两用房和原来的办公室。比如，有的粉丝买了别墅，因长时间闲置而改成了酒窖；有的粉丝原本跟朋友合伙做生意，因经营不善公司倒闭，重新办理营业执照后，办公场改成了酒窖；之前有很多会所经营不下去之后，改成了酒窖……成立了酒窖之后，我们的生意也不愁没有顾客。酣客在全国各地都有粉丝，首先粉丝会来给你捧场，其次粉丝还会带着亲朋好友一起来。而且我们的粉丝绝大多数本身就是企业家，所以企业中的一些宴请、年会等，都会选择来酒窖举办。

所以，醺客酒窖的经营模式就是，粉丝带新客户，新客户变成粉丝再带新客户，周而复始，既保证了粉丝会源源不断地增加，也保证了酒窖生意一直兴隆不衰。

2. 论坛模式

醺客的成功，自然让社群这种商业模式得到了更加广泛的关注。所以，近几年经常有各地的政府机关、工商联组织邀请我到当地为企业家演讲。同时，我也在很多所大学担任 MBA 讲师，与企业家们分享经验。

每一年，各地的工商联组织都会举办一些企业论坛，把企业家聚在一起，共同探讨新经济组织、商业未来发展等话题。每一年我都会受邀参加十几场甚至几十场这样的企业论坛。由于是工商联组织的，所以每一次论坛都会有几百位企业负责人到场。

我经常作为主讲嘉宾被推到台前，当然我也不会错过这个宣传醺客、宣传中国白酒文化的机会。在到场的几百位企业家当中，总会有一些醺客的粉丝，或多或少，几个到几十个不等，但大多数人都对醺客并不了解。

但是我的讲解和各种图片、视频等信息的展示，为这些从来不知道醺客的人打开了一扇大门。看到介绍白酒文化、展示醺客文化、品鉴多种名酒、掌握验酒方法以及品尝私房菜肴等内容的白酒封测，很多企业家都会发出感叹，觉得自己之前喝了几十年的酒等于白喝了，因为根本不懂酒，于是很多人会被醺客酱酒圈粉。还有一些企业正好遇到了发展瓶颈，而且这种情况已经僵持了很长时间，来参加论坛就是要寻找转型机会的，这时正好看到酷客的企业文化，发现这是一个有根的生意，于是纷纷开始转型做酒窖。

这也是一种社会关系的裹挟。

3. 意见领袖模式

虽然酷客这几年的发展一直很低调，但是在这个信息化高度发达的现代社会，我们无法阻拦信息传播。得益于酷客的先进模式，我们很多舵主的业务都越做越大，他们在所在的城市中也逐渐成为意见领袖。所以，即便他们都很低调，但是却无法阻止媒体对他们的主动报道。当这些新闻出现在媒体上之后，又会有很多社会关系被裹挟进来。

另外，酷客的粉丝绝大多数都是企业家，也就是说，他们都有第一职业。在第一职业的领域内，他们有的在跟华为打交道，有的在跟联想打交道，有的在跟一汽打交道，有的在跟各种大型房地产公司打交道……总之各行各业都有涉及。但是，不论是哪个行业，哪个领域，都离不开请客吃饭、宴请喝酒。这时，酷客的粉丝都会向大家推荐酷客酱酒，只要喝过一次酷客酱酒，就很少有人会觉得不好喝。所以，一条条不同行业的产业链就这样被打通了。

所以，慢慢地你就会发现，在一个城市里，酷客的粉丝越来越多，而且很多时候会出现整个行业或者整个领域的增长。比如，一个经销茶叶的大老板成为酷客的粉丝之后，用不了几个月，这个城市中经销茶叶的很多老板都会开始喝酷客酱酒；一个做工程招标的大老板成为酷客的粉丝之后，很快，混凝土搅拌站、绿化、园林、道路铺设等相关行业的老板也都会变成酣客的粉丝。

在酣客这个具有强关系、强链接的组织里，大家有着共同的价值观，都秉承着"和靠谱的人，喝靠谱的酒"的理念。所以，我们这个体系里有一个特点，那就是如果某一个人被发现做了不靠谱的事儿，很快会被发现。人性中难免有善也有恶，但是我们这个组织会在很大程度上压制住人性中的恶，同时激发出人性中更多的善。所以在这个积极向上的组织中，在这个人性向善的组织中，人与人之间的关系怎么能不越来越紧密，越来越亲热呢？

其实，利用社会关系的裹挟来实现关系盈余对于绝大多企业来说都适用。上面提到的酣客所运用的方法，除了酒窖模式很难通用以外，论坛模式和意见领袖模式同样适用于绝大多数企业。比如说，每个企业都可以定期举办一些行业论坛或者商业论坛，通过这些机会来提升客户聚合力；再比如说，企业老板和高管大多都有自己的人脉圈，所以就可以利用这些人脉圈中的意见领袖来为企业和品牌背书，以获得更多普通消费者的关注。

所以，什么叫关系盈余？答案就是粉丝强大的链接能力，把社会关系裹挟进来，产生客户；客户的关系升维变成粉丝，粉丝又变成"死党"，然后再聚淀升维变成亲人，这就是社群经济运营的关系盈余。

5.3 工具盈余

这一节我们来讲工具盈余。看到这里，或许有人会说，前面讲过的信息不就是工具吗？这话不假，信息的确是一种工具，但是对于社群运营来说需要很多种类的工具，信息只是其中的一种，除此之外，社群经营还需要3种工具，分别是技术工具、管理工具和文化工具。

5.3.1 技术工具：激发人的生产力

什么是技术工具？简单来说，就是我们在工作中能够用到的一些办公设备，主要包括以下7大类。

1）文件输入及处理设备：计算机、文件处理机、打字机、扫描仪等。

2）文件输出设备：可分为文件复制设备和文件打印设备，以及文件传送设备。

3）文件复制设备：制版印刷一体化速印机和油印机、小胶印机、重氮复印机（晒图机）、静电复印机、数字式多功能一体机、数字印刷机、轻印刷机、喷墨复印机等。

4）文件打印设备：激光打印机、喷墨打印机、针式打印机和绘图机等。

5）文件传输设备：传真机、电传机等。

6）文件储存设备：缩微设备、硬盘、云盘等。

7）文件整理设备：分页机、裁切机、装订机、打孔机、折页机、封装机等。

技术工具的先进与否对工作会产生哪些影响呢？举个例子，过去我们看书，基本是纸质阅读，但是今天还可以通过电子设备来阅读。而且我们阅读和获取信息的范围也不再局限于文字、图片，还包括长短视频等。

在这种情况下，如果有一家公司在行业内的成绩特别优秀，但是关于他们企业宣传和产品宣传的视频画质却很差，你会怎么想？估计对这家企业的感观多少会有些负面。也就是说，如果画质太差，即使内容再好，也很可能不被喜欢，这是一个很简单、很现实的道理。

生活中和工作中，这样的例子还有很多。比如，如果照相机的像素不好，能把人拍得更漂亮吗？如果没有美图秀秀，朋友圈里会有那么多美女吗？如果没有高质量的摄像机，能随手拍出大片吗？

看到这里，相信大家已经了解了技术工具的重要性。

所以，如果今天你想要做一个社群化的公司，最重要的一点就是，办公设备能用高配就不要用低配。因为工具落后，会限制人的生产力。

如果有机会到酣客来参观，你们就会发现，在这里即使最基层的员工，所用的办公装备也都是高级的。比如，我们的员工在工作中使用的手机都是最高配置的 iPhone；员工的笔记本电脑也只有两个品牌，一个是原属 IBM 后来被联想收购的 ThinkPad，一个就是 Mac，而且内存、硬盘都是最高配置。

或许有人会说，酣客不是一家节俭的企业吗？这个不假，但是在办公工具上我们绝不俭朴。这些最优良的、最高配置的工具不是用来给别人看的，它们是真的能够让画面更精美、文件更规范，同时还可以无限激发员工的生产力。

上面我曾提到，我们会如期举办每月酣客推荐阅读活动。每一次活动中阅读的资料都非常多，而更高级、更耐用、更先进的打印设备自然可以更好地完成打印工作。我们会把每一位舵主当成主角，为他们拍摄一部微电影，如果没有顶级电影级设备，我们能拍出堪比大片的画面感和质感吗？所以，只要涉及工作上需要的一切电子化装备，酣客用的都是最高配置。

这就叫技术工具的盈余。

那么，技术工具盈余能够给我们带来什么好处呢？简单来说，员工在你的企业怎样才能更舒服、更顺心地工作，不要说福利、文化、教育，这些都有点远，最现实的问题就是他们用的办公工具是不是好用，能不能让他们高效率地工作。比如，你知道一个普通的U盘和一个闪迪U盘的存储速度差了多少吗？把一部大小为1GB的电影分别复制到这两个U盘上，复制到闪迪U盘只需要几秒钟，但复制到普通U盘却需要几分钟。关于选择哪一种U盘来办公，我曾亲眼看到过一件很尴尬的事情。

有一家企业的老板向市领导汇报工作，由于内容较多，市领导建议他把资料都复制到U盘里交给自己。这时候，这位管理着一家年产值上亿元的企业老板竟然从包里掏出一个很旧、一看就用了很长时间的普通U盘。市领导还有其他会议要参加，所以只有十分钟时间，可是过了十分钟，资料还没复制完。最后，市领导只好告诉他，自己要开会所以要先走，等资料复制完后可以交给自己的秘书。所以，大家知道技术工具有多重要了吧。

如果你不舍得在技术工具上下本，那么你的企业可能就跟不上现代化的脚步，甚至会被时代所淘汰。

5.3.2　管理工具：打造高效率的社群管理

技术工具很好理解，大多是指一些看得见、摸得着的硬件办公设备，但什么是管理工具呢？请注意，**可以落实到工具上的管理法则，就是管理工具**。

举个例子，大家都知道阿米巴是一种先进的组织方式，那么，阿米巴为什么先进？依靠的是它最基本的表格和最基本的规范，这就是管理工具。所以说，工具并不一定指硬件，所有的规范和流程都叫工具，而这些工具就是管理工具。

以酣客为例。打官司这件事对很多企业来说都不可避免，毕竟我们身处一个法治社会，要学会用法律的武器来保护我们的权益，酣客自然也不例外。但是，面对法律问题，我们不像很多企业那样找一家律师事务所做法律顾问，而是建立了一个专业的律师团队。而且，我们对这个律师团队进行了精细分工，其中有负责合同管理的，有负责资产管理的，有负责民事管理的。拥有了这个专业的律师团队，然后把整个公司有关法律的问题都交给这个团队去解决，很多看似复杂的事情都会被很轻松地解决了。

关于酣客的财务问题，我们也在管理工具上进行了最优化。

或许有人会说，财务问题，只要有会计和出纳不就解决了吗？绝对不止于此。我们跟一流的会计师事务所和一流的审计师事务所都达成了长期合作。跟这样的机构合作给我们带来了哪些方便和益处呢？比如说，有人想投资酣客，我们会在这些机构的帮助下，第一时间拿出财务以及审计报告。当投资方看到我们出具的报告都出自国内一流会计师事务所和审计师事务所的时候，自然会打消很多疑虑。

一流的律师团队，一流的会计师团队，一流的审计师团队，一流的工业设计，这些都是管理工具。另外，最好的办公软件，最好的办公网络，这些用于管理层面的技术工具也都是管理工具。

酣客在全国有5个总部级机构，很多时候，我们会利用视频会议来解决工作问题。2020年年初的述职大会就是利用视频会议的方式进行的。虽然远隔千里，但是网络把我们成功连接在一起，虽然不能相见，但我们依然隔着屏幕热泪盈眶。对于一些公司来说，视频会议、远程会议或许一年到头也召开不了几次，但对酣客来说却如同家常便饭，我们丝毫不会因为远隔千里、隔着屏幕而感到陌生。

如果管理工具不到位，就无法驾驭现代化的运营和管理，更无法在社群中实现高效率的管理。

5.3.3 文化工具：在思想上击中人心

跟技术工具和管理工具相比，文化工具有可能会带来更深层次的管理效果。技术工具是公司自用，管理工具也是公司自用，那么，你跟经销商在一起合作，要用什么工具？你跟粉丝在一起合作，又要用什么工具呢？答案就是文化工具。

什么叫文化工具？举个例子，比如你的企业官微发了一个帖子，很多人都会看到，这其中，除了你的员工以外，你的企业跟其他那些看到这个帖子的人是什么关系呢？答案是文化关系，而让你们**产生这种文化关系的载体就是文化工具**。

还是以酣客为例，我们不仅在技术工具和管理工具上领先，在文化工具上更是不遗余力地努力做到最好。

1.《酣客文集》

我们的第一种文化工具是《酣客文集》。目前，《酣客文集》已经出版了三卷，第四卷正整装待发。每一卷都是厚厚的一本，里面承载了中国历史悠久的白酒文化，以及有关酣客成长、发展的一切信息。《酣客文集》不仅是白酒封测的文字体现，更是我们与粉丝、与顾客、与陌生人亲近的一个重要载体。

2. 在线视频课程

我们的第二种文化工具是在线视频课程。我们的在线课程每节课时长40～60分钟。目前为止，我们已经上传了300个课时，而且每年还会增加50～80个课时。通过在线视频课程，我们与粉丝、合作者以及各种潜在用户之间便多了一层联系，也多了一种拉近关系的途径。

3. 微电影

很多企业完成销售任务,大多是靠销售人员与客户对接。但是,酣客却很少自己宣讲,因为我们的每一个酒窖都配备了一个大屏幕,每天会循环播放我们拍摄的 200 多部微电影。如果有客户或粉丝提出任何关于白酒,关于酣客的问题,我们就会用一部微电影来回答他,真实、生动又有趣。

4. 酒具

为什么酣客酱酒被这么多人喜欢?其中一个很重要的原因就是我们有专用酒杯、专用握杯、专用碰杯,而且这些酒具还分为玻璃介质的和陶瓷介质的两种。同时,我们还有专用的酒质对比托架,连我们烧酒用的打火机都是专门配备的。

5. 酣客节

当然,这里不仅仅是指酣客节,而是指以酣客节为代表的一系列文化活动,包括酒窖封测、酱香之旅、海外游学。另外,我们的酣客研究院也是一种重要的文化工具。对内,酣客研究院培训员工和干部;对外,酣客研究院培训粉丝及合作者,同时还对第三方企业家提供培训。参加过酣客研究院学习的企业家,基本上都会成为我们的粉丝。

这些都是酣客的文化工具。

那么其他企业应该在哪些方面打造自己的文化工具呢?可以根据企业的调性以及产品的特点来组织一些文化活动,也可以打造一些品牌故事,还可以在新媒体平台注册企业的认证账号,通过这些平台和渠道树立企业形象，打造企业人设，这些都是可以增强企业软实力的文化工具。

如果说技术工具提高了工作效率和工作能力，管理工具让公司的管理变得像刀子一样锋利、像钟表一样准确，那么文化工具带给企业的价值就是，让你的客户和你的粉丝在千里之外为你的企业文化如痴如醉。

今天，打开酣客的后台大家会发现，里面存储了大量丰富的关于信息、关系和工具的资料。那么，这样一个超级大工程我们是怎么完成的呢？答案就是基于酣客人的勤奋，基于粉丝的热爱，基于新的顾客关系以及基于工具的力量。

|第 6 章| CHAPTER

符、织、范：打造符号，对组织进行范式革命

"符、织、范"，说的就是符号盈余、组织盈余和范式盈余。

符号盈余就是要用视觉锤、听觉锤、行为锤、生活锤这 4 把锤子把文字钉敲进用户心智，抢占行业市场。

组织盈余就是要利用外外组织不交叉、内内组织聚变以及内外组织强关系这 3 种组织模式，打造一个具有超级动员力的组织，提高管理和工作效率。

范式盈余是指大众化的模式，是引领潮流、促进发展的一种强大的商业力量。范式盈余就是要在价值范式、经营范式、生活范式和管理范式等多个方面进行革命，做到行业领先，从而实现社群的高效管理和发展。

6.1 符号盈余

我一直在强调，做社群不是在研究新方法，也不是要进入新领域，而是人类的组织都要从过去的金字塔结构、矩阵结构、管理式组织走向社群化。所以，社群是人类走到今天的基本组织形态，也就是说，任何组织本质上都是一个社群。

那么，从这个层面来说，全世界规模最大的社群是哪一个呢？答案就是国家。全世界最强大的社群又是哪一个呢？答案就是军队。每一个国家都是一个社群，每一支军队也都是一个社群。而国旗、国徽、国歌、军旗、军歌，这些都是符号。

人类为什么需要这么多符号？因为太大的信息量无法沟通。举个简单的例子。如果让你向一个外国人形容中国，你该怎么形容？相信很多人都很难一下子说清楚。但是，只要把五星红旗摆到对方面前，对方一下子就会明白。这就是符号的意义所在。所以，从这个层面上来说，符号是最快速的沟通，符号是最大规模的沟通，符号是最高效率的沟通，符号是最精准的沟通。

再举一个例子，我们的交通体系基本上就是依靠各种符号来管理的，如果不用符号而全部用交警来管理，那才真要乱了套。所以，想要考取驾照，第一课就要学会所有交通标识，即所有与交通规则有关的符号。

因此可以说，如果只是基于文字，或者基于人，那么交通系统是不可能被管理好的。同样的，如果想要实现社群的高效管理，仅仅依靠语言或文字也是远远不够的。因为文字根本就没有那么强大的传播力和信息渗透力。所以，社群化必须在符号方面领先，而且必须要比别人领先很多。

那么，在社群管理中有多少种符号呢？最基本的符号有以下5种：文字符号、听觉符号、视觉符号、行为符号和生活符号，我把它们叫作"一钉四锤"，如图6-1所示。"一钉"即"文字钉"，"四锤"即"视觉锤""听觉锤""行为锤"和"生活锤"。我们要做的就是用这4把"锤子"把"文字钉"敲进消费者的脑海，占领消费者的心智。

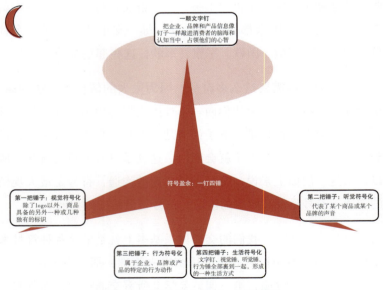

图6-1 符号盈余的"一钉四锤"

6.1.1 一颗文字钉：文字符号化

文字符号又叫文字钉。

什么叫文字钉？

文字钉的意思就是，在今天这个碎片化、产品过剩、信息爆炸的时代，要把你的企业信息、品牌信息和产品信息像钉子一样敲进消费者的脑海和认知当中，这样才能占领他们的心智。因为定位理论告诉我们，市场竞争的本质就是心智之争。

举个例子，大家可以更形象地理解文字钉的含义。在王老吉出来之前，全国除了广东省以外，很少有人知道还有一种饮料叫凉茶，也不知道为什么要喝凉茶。后来，王老吉在定位界专家的指导下打造了一个文字钉，那就是"怕上火，喝王老吉"。在广告学领域，这句话是 slogan，在社群方法论里这就是文字钉。接下来，王老吉就开始围绕这个文字钉展开工作，直到最后形成了这样一种局面：当每个消费者被问到"什么是王老吉"的时候，所有人都会说"怕上火，喝王老吉"。

说到这，应该有很多人会想到大卫·奥格威提出的品牌形象论，品牌形象论是广告创意策略理论中的一个重要流派。奥格威认为，品牌形象不是产品固有的，而是消费者根据产品的质量、价格、历史等信息总结出来的，每一种品牌、每一个产品都应发展和投射一个形象。简单来说，品牌形象论就是告诉每一个企业都要有一个属于自己的品牌，而且这个品牌要被人们记在脑子里。于是，企业 logo 和品牌 logo 开始风靡。其实，logo 就是一种符号，只不过是最浅的视觉符号。

但是，今天的企业品牌太多了，产品也太多了，logo 所能带来的消费指引开始越来越不清晰。如果没有强大的、明确的、到位的信息，仅仅依靠企业或品牌的 logo 很难再打动消费者。比如，如果企业说"某某厨电为全人类造福""某某产品志在全人类健康"，那么很少有人会为这种笼统的说法买单。如果说法能更具体，则更容易打动消费者，比如方太抽油烟机、老板厨电，这就是家庭主妇和老板们专用的；再比如，简一大理石瓷砖，这就是一种类似大理石的瓷砖，等等。

那么，酣客的文字符号（或者说文字钉）是什么呢？"和靠谱的人喝靠谱的酒"，这句话已经牢牢刻在所有酣亲的脑子里，这就是酣客最基本的一个文字钉。当然，酣客的文字钉不止一个，从抓住今天的好人和好酒的角度，我们还有"敦厚靠谱，尖物实价"这个文字钉。所以，当我们在回答"什么是酣客酱酒"这个问题的时候就可以省略一万个字，只说出"敦厚靠谱，尖物实价"这 8 个字就可以了。

设想一下，如果面对员工，面对粉丝，总是需要长篇大论的说明才能让他们明白酣客酱酒的内在本质，那么社群的管理、社群的发展怎么才能高效呢？

所以，文字钉是每个企业都要给自己找到的最浓缩、最精准的一种概括。同时，这种概括对于消费者的需求和追求都必须要有真实的影响力。

那么，怎样做才能让文字钉刻在消费者、顾客、粉丝以及员工的头脑中呢？很简单，用锤子砸进去。

6.1.2 第一把锤子：视觉符号化

视觉符号又叫视觉锤。

什么是视觉锤？请大家思考一下，一瓶可口可乐摆在你面前，即使上面没有商标纸，你是不是也能一眼就认出这就是可口可乐？答案是肯定的，因为梭形瓶就是它的标志；如果一辆宝马汽车停在你面前，同样被遮挡住了 logo，你能不能一眼就认出这是一台宝马车呢？答案也是肯定的，因为宝马汽车车身前面的"双肾气格栅"是它独有的标志。所以，我们发现很多商品除了 logo 以外，都有另外一种或几种独有的标识，这些标识比 logo 更有视觉冲击力，它们就叫视觉符号，或者视觉锤。

类似的例子还有很多。比如，如果有人手里端着一个纸杯，上面印着一个绿色的双尾美人鱼，那么大家都知道这是一杯星巴克的咖啡；再比如，喜茶作为星巴克的追随者，也打造了自己的视觉锤，喜茶杯身上的图案就像是一幅简笔画，画的是一个正在喝茶的人的侧脸。

logo 是大卫·奥格威给我们留下的，代表的是视觉的真理和定理。今天，我为什么要用视觉锤来重新定义它呢？因为更准确地说，视觉锤代表的是视觉而非语言信息。

酣客打造了很多视觉锤，其中以半月坛最为出色。

今天，越来越多的艺术家开始慢慢知道，中国出了一款酒，名叫半月坛。半月坛之所以受到艺术家的追捧，主要是因为在它的瓶身上可以写毛笔字，可以画画（油画、水墨画），如图 6-2、

图 6-3 所示。所以，尽管有很多人建议我们把半月坛的酒瓶优化一下，但我们却坚决不去优化，而且我们会一直保持它最初的样子。世界上很多超过 50 年、100 年的品牌都有很多坚持，而半月坛也是我们的一种坚持。如果你不能坚持，你的文字钉和视觉锤就很难深入人心。

图 6-2　画家在半月坛上作画

图 6-3　半月坛上的书法作品

那么，打造视觉锤的基本思路是什么呢？首先，既然是为了达到吸引眼球的目的，那么视觉锤的打造就要不走寻常路，最好能够多一些创新思维，做到标新立异；其次，在创新的同时，视觉锤一定要符合企业与品牌的调性，也可以从同类产品的成功经验中寻找灵感。

总之，在这个低敏感的时代，一定要为你的产品和你的公司打造一种视觉信息，这种信息比文字的传播效率要高很多，而且它是对文字信息的一种强化。

6.1.3 第二把锤子：听觉符号化

听觉符号又叫听觉锤。

什么叫听觉锤？相信很多人都还记得，从很多年前开始，在英特尔的广告结尾，一直有一段很特别的音乐。这段音乐是专属于英特尔的，一听到它，即使不用看画面，也都知道这是在播放英特尔的广告。20世纪90年代，从微软推出Windows系统开始，每次打开电脑，大家都会听到一段音乐。这段音乐是Windows专属的，一听到它，所有人都知道电脑开机了。**这些代表了某个产品或某个品牌的声音，就是听觉符号。**

听觉符号还有很多。比如，每一个品牌的手机都有专属于自己的铃声。原来人们最熟悉的就是摩托罗拉的"Hello，MoTo"，如今，苹果、华为等众多手机品牌也都精心打造了自己的专属铃声。可以毫不夸张地说，只要专属铃声一响起，绝大多数人都会直接联想到这是隶属于哪一个品牌。

酣客也在打造独属于自己的听觉符号。当你听到像鸟叫一样响亮的喝酒声时，那就是酣客独特的听觉符号。这不是发声器发出的声音，而是喝酒时的自然声音，自古最会喝酒的人，在发出这种声音时那一刻是最舒服的。酣客酱酒在白酒领域都还没有形成独特的听觉符号的时候，就开始塑造品牌的听觉竞争力，等于直入无人之境，获得大片市场。

刚才我提到了，文字钉可以让我们在介绍企业和产品的时候节省千言万语，但是对于现在的很多消费者来说，即使你的文字钉只有几个字，他们也可能会嫌啰唆。他们需要的是，可以通过五感六识（即眼、耳、鼻、舌、身、意）全面地感知一个品牌。

所以，直接呈现一小段音乐，或者一种声音，就可以在很大程度上满足他们的需求。而且，听觉符号不仅传递起来更方便，传递的成本也更低，除了失聪人群以外，可以传达给所有人。

6.1.4 第三把锤子：行为符号化

文字钉的第三锤是行为锤，即行为符号。

什么是行为符号？我们还是来举例说明。

相信很多人都记得一个牙膏品牌——田七。在著名策划大师华楠老师的指导下，田七牙膏曾拍摄过一支广告片，正是因为这支广告片，才让原本名不见经传的田七牙膏冲出重围，成就了一段商业佳话。

过去我们去照相馆照相，摄影师在按下快门之前都会对我们说:"来,笑一笑,喊茄子"。为什么要喊"茄子",因为我们在发出这两个字的字音的时候,嘴角会呈现出一个弧形,就像在笑一样。而田七牙膏的这支广告片便借用了这一创意,内容也是摄影师给一群人拍照,但是摄影师却没有让大家喊"茄子",而是让大家一起喊"田七"。自从这支广告片播出之后,拍照时喊"田七"便很快成为大多数人的共识,随之而来的自然是田七牙膏销量的爆发式增长。

一个简单的动作,就为企业创造了巨大的销售利润。从某种程度上来说,这种方式无异于把消费者当作了广告媒体。更重要的是,企业不仅不用付广告费,而且还让消费者都很开心。所以,给你的消费者和粉丝一个行为符号,不仅可以实现更高效的沟通,而且可以实现品牌更高效的逆袭。

与视觉符号和听觉符号相比,行为符号在中国还比较新,很多企业都没有意识到它的重要性,但是在西方世界它已经出现并流行了很长时间。今天世界上影响力最大的行为符号是由史蒂夫·乔布斯创造的,这个行为符号就是食指。

随着 iPhone 的出现,人类的食指变得越来越忙碌。而随着 iPad 的出现,人类的拇指开始随着食指一起忙碌起来:放大、缩小、回到桌面、恢复……这些功能都要在拇指和食指的共同操作下才能实现。乔布斯把人们自身的行为植入到了产品里,开创了行为符号的先河。

行为符号的出现和普及,造就了很多行业。

比如,我刚刚学电脑的时候有一种高科技,叫五笔字型输入法，当时要花学费去学习。这种输入法曾经让好几家公司、好几款软件火遍全中国。但是到了今天，还有多少人会花钱去学习这种输入法呢？讯飞语音和搜狗语音等软件，早已帮助人们实现了将语音直接转成文字的梦想，而且还是免费的。

还有很多非常生活化的例子。比如，过去人们想吃什么，只能自己在家做，或者去餐馆。但是现在，人们最常做的一个动作就是点开手机上的外卖软件。

很多人都说，这是因为科技和互联网的发展和进步，但从社群化的角度来看，这些都是行为符号化带来的变化，而且这些行为符号正在潜移默化地影响和改变着我们的生活方式。

其实，酣客也有很多行为符号。

酣客的第一个行为符号：握杯。

从感官上来看，握杯是视觉符号，但同时也是行为符号。很多人认为酒太冷不好喝，太热也不好喝，最佳温度就是和体温一样，所以，我们便打造了一个握在手里的酒杯，如图6-4所示。

酣客的第二个行为符号：小口慢咂。

大口喝酒，喝进去的是液体，不仅口感不好，而且不利于肠胃的吸收。小口慢咂，入口的酒就会雾化，不仅口感好，而且不伤胃。你会发现，很多老人都是用这种方法来喝酒的，所以，虽然有些老人很能喝酒，但是却很少会喝醉，也很少酒后难受，他们用的就是这种最聪明、最合理的饮酒方法。

第6章 符、织、范：打造符号，对组织进行范式革命

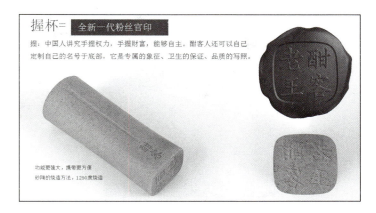

图 6-4　酣客握杯

酣客的第三个行为符号：拉酒线、看酒花。

对于烈性酒和酱香型白酒来说，酒越老，黏稠度越高。所以，我们就用了一个行为来表达酣客酱酒的高品质，这个行为就是拉酒线。一般来说，我们拉酒线的时候会把酒瓶举过头顶，然后把瓶中酒往酒杯里面倒，如图 6-5 所示。酣客节的时候，有的酣亲更是把拉酒线这个动作做到了极致，玩出了花样。他们有的会站在凳子上往下倒酒，有的甚至会站在二楼的阳台上往一楼的杯子里倒酒。拉完酒线，他们还要看看酒的泡沫。酒的泡沫在酿造的专业术语里简称"酒花"。酒的品质越好，倒酒之后的泡沫就越多，留存的时间也越长，如图 6-6 所示。

喝酒、倒酒都是行为符号，这个行为符号的传播要比语言和文字更有感染力，也更利于传播。

图 6-5 拉酒线鉴别酱酒老熟度

图 6-6 看酒花鉴别酱酒酯化度

酣客的第四个行为符号：统一服装。

酣客的粉丝以及了解酣客的人都知道，我们会为员工和粉丝提供一年四季的上衣，从最简单的圆领衫到POLO衫，从卫衣到夹克再到防晒服，可谓一应俱全。

酣客不做服装生意，但是为什么对服装这件事如此感兴趣呢？因为穿衣就是一个行为，让我们的粉丝在穿衣这个行为上实现统一，这等于对我们的文字钉进行了强化。

酣客的第五个行为符号：以酣客节为首的一系列文化活动。

利用一系列的文化活动，我们可以把酣亲聚集到一起，大家一起行动，一起学习，一起玩乐。这对于文字钉也是一种强化。

酣客是一家酒企，在行为锤方面的某些做法，比如制作握杯、拉酒线、看酒花等，并不适用于其他行业的企业，但是统一服装和举办文化活动这两个行为却可以成为其他企业打造行为锤的参照。除此之外，企业还可以通过举办一些行业内的论坛或新品发布会来把行业内的相关人士及消费者聚集到一起，打造行为锤，强化文字钉。

社群，第一是"社"，第二是"群"。也就是说，要想打造这个群体的共同性和共同感，方法就是利用行为符号，即为这个群体打造特别多的共同行为。

6.1.5 第四把锤子：生活符号化

与前面提到的文字钉、视觉锤、听觉锤以及行为锤相比，生活锤（生活符号）更加强大。

那么，什么叫生活符号？简单来说，就是**把我前面所讲的酣客的文字钉、视觉锤、听觉锤、行为锤全部裹到一起，形成一种生活方式，这就是生活符号。**也就是说，你的企业不仅要打造一个产品，更要营造一种生活方式，这样才能真正进入消费者的心智，成为行业的王者，酣客正朝着这条路大步前进着。

对酣亲来说，下半年最重要的节日就是全国酣客节，大家都像期盼过年一样期盼它的到来。每一次我们的名额只有1000人左右，因为这几乎是很多酒店的接待上限，一般来说，几个小时就会报满，没报上名的人只能再等一年。全国酣客节结束之后，从省到市，地方性的酣客节也会陆续开场，整个下半年，全国各地的酣亲都不会寂寞。到了年底，过年的各种福利和配赠活动又开始了。春节后，国际游学开始启动。

另外，上半年我们还会制定各种培训计划，针对公司高层和各地舵主的"每月酣客推荐阅读"也会如期举办。同时，我们还会给优秀的酣亲拍摄微电影。虽然我们只是一家卖酒的公司，但是在为酣亲拍摄微电影这件事情上绝不马虎。我们会邀请专业的编剧和导演，配备最专业的摄影设备，就是为了拍出大片的质感和效果。除此之外，酣客生态大学、酱香之旅以及FFC在线课程的普及，这一切都为酣亲勾勒出一幅丰富多彩的生活画卷。

加入酣客，不仅可以免费学习、结交朋友、享受生活，还可以延展和重塑中年人的事业版图。因此，喝酣客酱酒、做酣亲，已经逐渐变成中年人的一种刚需生活方式。由此可见，酣客打造的绝不只是一个产品，更是一个以生活符号为核心的中年人后半生的生活平台。

面对酣客在生活符号化领域的成就，或许有人会说，这是因为酣客卖的是酒，而酒本身就是一种生活化的商品，自然更容易引起人们的共鸣，但其他行业的产品却不具备这种特性，自然也很难实现生活符号化。对于这个问题，我想说的是，虽然酣客在生活符号化方面做得很优秀，但这却并不是我们首创，开创这种模式的依然是史蒂夫·乔布斯。

对于很多人来说，苹果的各种产品已经充斥在他们生活的各个角落：床头放着 iPad，桌上放着 MacBook，办公室里摆着 iMac，手里拿着 iPhone。所以，苹果打造的绝不仅仅是一个产品，而是一种生活方式。

所以，无论是酣客还是苹果，打造的都不是一个产品，而是一个以生活为平台的平台化公司。

在今天，能够营造一种生活方式的企业，必定是未来的王者。

总结来说，符号盈余就是以文字钉为核心，而文字钉就是你的使命、价值观、愿景叠加在一起浓缩出来的最具体、最清晰、最精准的一句话。要想把这句话刻在消费者的心智中，就要不断地用视觉锤、听觉锤、行为锤和生活锤去敲打它，这样才能让你的社群具备更高的效率，也能让你的社群传播得更快、更广。

6.2 组织盈余

什么是组织盈余呢？简单来说，就是打造一个有动员力的组织。

动员不是宣传，不是传播，更不是忽悠，而是通过你的主张和传播，让大量人共同产生行动。

1. 动员力：企业的核心竞争力

社群不是高科技、新技术，也不是一种新的组织形式，而是所有企业、所有组织在今天这个社会必须要走的一条从硬组织到软组织的发展道路。所以，社群化并不是只有先进、聪明的企业要学，是所有企业都必须按照社群化的方向去再造自己的组织，重塑自己的组织文化。

那么，你想不想让你的企业具有这么强大的动员力呢？虽然从表面上看，促进消费者购买的是广告和促销，但消费的本质其实就是一种动员，你的各种符号的传播本质上也是一种动员。另外，你的员工认真、勤奋地工作，虽然表面上看是源于你的命令、指挥、管理和教育，实际依靠的也是你的动员。所以，动员是做社群、做管理以及面向未来的一种必备能力。

传统管理学大多数讲的都是组织行为的原理，并没有谈到广域的动员和深层次的动员。比如，对员工就是命令、指挥、管理和教育，对顾客就是打广告、搞促销，对渠道就是实行价格政策、合同政策。也就是说，面向员工、顾客、营销渠道和经销商体系，都是在用一种机械的手段去管理。但是，社群作为一种软组织，自然要用软手段，这个软手段就是动员。所以，面对社群化的必然趋势，你必须把动员力当作企业的一种核心竞争力。

为什么动员的效果这么好？因为动员直接对应的是人心，人不会接受不喜欢的动员，而对喜欢的、有道理的、有价值的动员却愿意落实到行动上。为什么有些企业的产品明明很好却不被市场接受，主要原因就是他们只懂得广告和促销，却没有动员力。

2. 组织：动员力的第一性原理

那么，动员力的根本原因，或者说动员力的第一性原理是什么呢？答案就是组织。

"组织"这个词大家听得很多，但是，真正理解这个词的含义的企业家有多少却很难说。那么，"组织"的真正含义是什么呢？我们来拆解一下。两个字都是"纟"旁，说明像织布一样，经线和纬线密密麻麻交织在一起，这才叫组织。"组"字的右边是一个"且"字，"且"在汉语言文字里是"那就这样吧，就是这个样子"的意思；"织"字的右边是一个"只"字，"只"在汉语言文字里是"唯一，仅此可以"的意思。所以，把这些含义融合在一起，组织的真正含义就是，把企业的管理机构、市场机构、经销商和渠道，全部像密密麻麻的经线和纬线一样编制在一起，大家都认为就是这个样子、只能这么做，这就叫组织。

或许有的企业家会说，我们的企业有很多部门，还有分管各个部门的高层领导，为什么必须要有组织呢？大家先思考这样一个问题：月薪3万元的高管和月薪3000元的普通员工相比，哪一个更忠诚？我想，没有企业家会说，一定是月薪3万的高管更忠诚，或者一定是月薪3000的普通员工不忠诚。在我看来，忠诚与否和工资多少并没有直接关系，忠诚的判断标准应该是看你们有没有共同的价值观和共同的目标，你们是不是视共同利益高于一切。

很多企业的管理思维都还停留在20年前，只管人的身，不管人的心。但是，社群却不仅管人的身，更管人的心，把大家凝成一股力量，最终形成一个忠诚度高、效率高、有作为的企业，这样的企业就是组织。

组织与企业最大的区别就在于，企业只讲绩效、KPI、营业额、利润，而组织讲的第一件事情是忠诚，以及共同的价值观。因为没有忠诚就没有组织，没有组织就没有伟大的事业。所以，动员力的根本就是组织，只有组织可以给你带来动员力，而动员力是最快、最有效的传播。

社群是高效的企业发展方法论，是最有凝聚力、最忠诚的企业内部方法论，而社群的内核正是组织。组织的人不一定多，但是覆盖面大，组织里员工的收入可能有高有低，但他们一样忠诚，他们能够同呼吸、共命运，这样的人聚集在一起才能够办大事。

说了这么多，大家应该都知道了组织盈余的含义，那就是你的组织力要高于一切竞争对手。当你的组织力高于竞争对手，这种内在的竞争力将比你所有的同行都领先，因为它可以让你静悄悄地崛起，让你可以迅速变改自己的行业地位。

那么，怎样做才能实现组织盈余呢？方法有三：第一，外外组织不交叉；第二，内内组织要聚变；第三，内外组织强关系。

6.2.1 外外组织不交叉

在了解外外组织之前，我们先来了解什么叫外组织。

问大家一个问题：经销商和粉丝是你的员工吗？就算在酣客，我也不敢说我是所有粉丝的上级，我只敢说，对粉丝来说，我是一个价值创造者，所以我的微信名叫"服务员"。当然，我也不是经销商的上级，对酣客的经销商、渠道、总社、分社、酒窖而言，我也只是他们的服务员。从这个层面上来说，**所谓外组织，就是所有与你的业务有联系，却与你不是一个劳资体系的组织。**

那么，什么是外外组织呢？一家企业或者一个社群不可能只有一个外组织，以酣客为例，目前酣客酒窖的数量大概有1500家。这1500家酒窖都有独立的营业执照，都是独立进行核算的企业，同时这1500家酒窖也都是我们的外组织，这些**外组织加到一起就是外外组织。**

要想实现组织盈余，我们要做的第一件事就是让外外组织不交叉。前面我们一直在强调，社群要有凝聚力，社群要团结，那么外外组织之间的关系为什么不能交叉呢？所谓不交叉，简单来说就是在业务上不要有合作。因为外外组织的交叉会产生一些连锁反应，而这些反应对企业的影响大多是负面的。

在很多人看来，酣客施行的是一种非常舒缓的管理，这种观点其实并没有错，从关怀员工的角度来说，我们的管理的确非常温情，非常人性化。但是从保密的角度来看，我们的管理制度却非常严格。比如，公司的政策不允许披露，工资不允许相互询问，另外，涉及财务、库存、数据、业务政策等的信息也都必须严格保密。

公司内部的经营和管理信息要保密，涉及公司外部的信息

（比如经销商的管理制度）的管理就更加严格了。对于中心社、分社、大队、酒窖等各级经销商来说，相互之间的信息、政策、补贴率、优惠办法等都必须严格保密，不允许相互打探。因为这些信息关乎公司的经营以及与各经销商之间的平衡关系，一旦泄露就会对公司的经营产生严重的负面影响，而且还会影响公司与经销商之间的合作关系。

所以，从这个层面上来说，组织的第一要素不是战斗力，而是忠诚与干净。"忠诚"大家都理解，那什么是"干净"呢？这里说的"干净"其实是指社交的素净，即在社交中不掺杂私心杂念，不要有贪婪的想法。

说到这里，可能又会有人不理解了。在他们看来，每年的酣客节，全国的酣亲都会聚集在一起，难道他们之间不会交叉吗？酣客的酱香之旅活动开展时，经常会有很多分社来参加，难道他们之间不会交叉吗？每一年的国际游学，很多酣亲都会参加，难道他们之间不会交叉吗？

在回答这个问题之前，我们先来看一个例子。狂欢节是欧美地区非常盛行的一项活动，在这一天，人们会走出家门，共享欢乐，哪怕是陌生人也可以相互拥抱和亲吻。那么，这算交叉吗？当然不算，这只是文化的共鸣与共振。

同样的道理，酣亲们共聚酣客节，各个分社参加酱香之旅，以及酣亲参加国际游学，这些都不叫交叉。那么什么才算交叉？涉及商业、涉及运营、涉及顾客、涉及财务的这些情况才叫交叉。

6.2.2 内内组织要聚变

组织盈余的第二点是内内组织聚变。我们先来了解什么是内组织,这一点其实很好理解。**内组织就是企业内部的组织,也就是企业内部的各个部门,这些部门加在一起就是内内组织。**

那么,什么叫内内组织要聚变呢?这一点与外外组织不交叉是相对应的。也就是说,内内组织不仅要交叉,而且要广泛、深入地交叉,要推倒组织围墙,打破组织隔阂,因为通过这些交叉才能产生聚变,从而形成强大的凝聚力,让组织变得更强大。

那么内内组织要如何聚变呢?

1. 感情聚变、关系聚变

所谓感情聚变、关系聚变,就是要让企业内部的每个人之间,尤其是一个部门的成员之间达成紧密的关系。前面我也提到了,在酣客,我会鼓励甚至要求每个主管每个月都要请组内的员工吃一顿饭,而且必须是吃晚饭,因为晚饭时间长,更有利于感情的培养和聚合。同时,吃饭必须要喝酒,喝多了还不能谈工作,只能谈家长里短。我会把这件事当成任务下发给每个主管,之后还会进行考核。之所以这样做,目的就是要强行推进一种内聚文化。

酣客很少主动辞退高级领导干部,唯一一次是因为这个领导在酣客内部树立部门围墙,打压年轻人。所以,不论有多大的功劳,曾做出过多大的贡献,只要伤及内聚文化,酣客就会坚决将其剔除。因为有这样的人在,企业无法实现内组织的聚变。

2. 工作聚变、协同聚变

感情聚变和关系聚变之后，社群内人与人的关系会变得更加紧密。在这个前提下，工作的流程和协同自然也会更加顺畅和谐，这就是工作聚变和协同聚变。通过这些聚变，在组织内会创造出一种超越上下级关系、超越亲属关系、超越朋友关系的一种特殊关系。这种工作和协同上的紧密合作，可以让工作变得更高效。

华为销售团队的销售能力在业界始终为人称道，他们的"铁三角"销售团队创造了很多业界传奇。在"铁三角"未建立时，华为的销售业绩并不理想，出现过很多问题。

2006年8月，华为参与一次竞标。在客户召开的项目分析会上，华为代表团发现由于前期负责客户关系的销售人员没有把客户提到的相关信息有效地传递给产品人员，使得产品人员在不知情的情况下，选择了常规的报价模式，最终造成了投标失败。

这很明显是团队内部的沟通和协作出现了问题。为避免这种情况再次发生，华为迅速做出调整，将负责客户关系、产品和交付服务这三方面的专业人员聚合到一起，组成了一个销售团队，这就是"铁三角"的由来。

"铁三角"团队由客户经理、产品经理和交付经理组成，共同对一个项目负责，利益共享、风险共担。当大家开始为了共同的目标奋斗时，关系自然变得越来越紧密，各执一词、针锋相对的情况再也没有出现，大家心会往一处想，劲儿会往一处使，从而一步步取得了优异的销售业绩。

总之，内内组织要聚变说的就是我们的内内组织要亲密化、紧密化，这样才能成为铁板一块。

6.2.3　内外组织强关系

组织盈余的第三点是内外组织强关系。什么是内外组织？我们可以从字面上理解，就是既有内组织也有外组织，这到底是一个什么样的组织呢？**简单来说，就是跨部门、跨阶层、跨流程、跨组织的一种组织。** 在这个组织内，包含多个部门、多个阶层。对于这个组织内的人来说，与他们产生合作的都是其他部门、其他阶层、其他组织的人。

那么，酣客有没有内外组织呢？当然有。现在的酣客一共成立了3个内外组织。

1. 酣客常务委员会（常委会）

我作为酣客公社的创始人、酣客酒业集团的董事长，是酣客酒业常委会的一名成员，其他几名成员都是在各自行业做得很出色的企业家。也就是说，除我之外的其他几位常委会成员都不是酣客的人。那么，我们为什么要让不是酣客的人成为常委会的成员呢？目的就是加强酣客的领导力，我们的常委会比董事会的权力还要大。也就是说，我把自己的权力稀释了，把企业由我一个人指挥变成由常委会指挥。

2. 酣客顾问委员会（顾委会）

当我们发现年轻人越来越多，市场越来越大，而我们的常委会已经不足以对市场施行全面、高效管理的时候，便成立了第二个内外组织——顾委会。顾委会由哪些人员构成呢？包括酣客几个重要部门的领导人，以及酣客的一些规模较大的经销商和分社舵主。

3. 酣客战略委员会（战委会）

今天，酣客的实权大多数都已经交到了战委会手中。战委会包括酣客重要业务部门的一把手。

这3个组织全部都是由酣客内部的人和外部的人联合在一起组建而成的，这就是我说的内外组织。

那么，内外组织强关系都体现在哪些方面呢？

1. 私人感情要紧密

维系内外组织的一个重点就是成员之间的私人感情要紧密。在酣客常委会掌权阶段，我和其他几位常委虽然不在一个劳资体系内，但是我们经常见面，经常讨论问题，而且我们的私人感情很不错。我们经常在开常委会的时候进行批评和自我批评，每当触及心灵，常常会有人落泪。人到中年，还能为了工作而落泪，如果没有真情，是不可能发生这种情况的。

2. 工作关系要强

工作关系要强，就是指内外组织必须为共同价值、共同利益高于一切而设。酣客的常委会成员，都是能力强、品行好、威信高的领导者，按照这个逻辑来看，在战委会这个具有最高权力的组织里，是不是应该有几位常委会的成员呢？实际上一个也没有。因为战委会的第一条规矩就是年纪大、资格老的人不准进入。为什么呢？虽然我们资格老，但是在见识和其他很多方面是没办法跟年轻人相比的，我们需要一群更有能力、更有活力、更有创造力的年轻人来带领我们这个组织走向更高远的未来。

酣客的战委会成员年轻到什么程度呢？基本上是"80后"占一半，"90后"占一半。我们这些有资格、有经历的常委会成员能做的就是为战委会铺路，为战委会创造条件。

企业如果没有这样的组织胸怀，企业领导如果没有这样的远见和大气，很难做大做强。什么叫超越自我？就是在组织和权力问题上没有自我。

社群运营是一种强价值观的运营方式，是一种强文化的传播方式。好的价值观和文化不是嘴上念的口号，也不是墙上贴的标语，而是行动上的表里如一和率先垂范。

3. 对消费者和员工存有敬畏之心

在今天这个高度透明化的社会，如果还有企业认为消费者是弱势群体，员工只不过是为自己打工的人，那么必然会输得很惨。你对消费者没有敬畏之心，消费者会离开；你对员工没有敬畏之心，员工会离开。

所以，对于很多企业家来说，最危险的事情就是骨子里对消费者和员工没有敬畏之心，永远把自己当成企业的领导。社群化的组织最好不要有领导，每一个人最好的角色应该是奉献者，所以这也是我的微信名叫"服务员"的原因。

4. 企业家内心要干净

酣客的每一个领导都不贪恋权力，也不迷恋功名，每个人都是服务员。也就是说，只要组织需要，大家就会积极为组织奉献，如果组织不需要，大家就去过自己的生活，而且会过得很好。

对于我来说，因为今天的酣客还离不开我，所以我会继续在这里工作。如果有一天，酣客离开我也能生存得很好，那么我会第一时间选择去实现那些尚未实现的追求和理想。比如，我是一个摄影爱好者，而且比较资深；我也是一个特别喜欢写作的人，也曾为了文字废寝忘食；我的京剧唱得也不错，是个忠诚的票友；我还很想去改装一台赛车，去跑跑场地赛；一场说走就走的旅行，对我来说也已经是期盼已久的事情……所以，我的人生理想非常丰富，只不过因为酣客在"拖累"我，所以我还没有机会去实现它们。这些是我经常挂在嘴边的话，酣客的人都知道。我是这样想的，如果那一天真的来了，我也会这样去做。

在我看来，最有希望的企业就是骨子里干净的企业。所谓骨子里干净，主要是指企业家的心里要干净。也就是说，要做社群你就要记住社群的一个最重要特征，那就是不能办坏事。所以，让一个产品打遍天下其实很简单，只要你心里敬天爱人。只有骨子里干净的企业家才能领导社群，才能让外组织在没有纪律的情况下比有纪律还强大，才能让内组织愿意无限聚变，同时也能让内外组织形成强关系。

在这3种组织关系中，内外组织的关系最复杂，也最难管理。对于内外组织中的外组织的那部分人来说，最大的困惑就是，他们不知道企业和企业家对他们是否真心？那么，要怎样做才能让他们打消疑虑，同时让外组织比内组织更忠诚、更强大、更有凝聚力呢？

这同样需要企业家骨子里干净和单纯，也就是说，企业家应该做到愿意为了这群人的命运而奋斗，视改变这群人的命运高于一切。如果每一件事情你都能够照此想、照此说、照此做，那么你的内外组织就会变得无比团结，也会更加强大。

今天的酣客已经走向了内外组织的协同管理阶段，我们的常委会、顾委会、战委会都是内外组织。而且，我们对内对外一视同仁，外组织的人说得对我们会照做，内组织的人说得不对我们也会反对。而且，酣客的每一个委员会，都是因为时代的发展而创立的，所以每一个委员会成立的第一准则就是：成立这个委员会，它就是酣客的最高领导集体。也就是说，后面成立的委员会永远比前面的委员会权力大、责任重。前面的委员会高的只是历史地位，但是德高望重绝不意味着位高权重。在酣客，位高权重的永远是最新的委员会，也就是最新的内外组织。

实业社群是酣客创立的产业概念，所有企业的社群化都必须解决好组织的问题，让组织盈余成为你最重要的资产。

没有组织盈余，就没有社群竞争力，没有组织盈余，你的社群就是一个空壳。

6.3 范式盈余

在理解范式盈余之前，我们先来说说什么是范式。说到范式，大家最容易混淆的一个词就是模式，但二者之间却并不相同。简单来说，模式追求的是标准化，但范式追求的却是主流化。什么是主流化？

举个简单的例子。骑马曾经是古代一种很先进的模式，但是却不是一种广泛的范式。当有马的人越来越多，骑马开始替代走路的时候，骑马就变成了一种范式。后来大多数人都在骑马，一少部分人却开始坐车，这时候坐车就是一种更先进的模式。当越来越多的人用坐车替代了骑马的时候，坐车就变成了一种范式。所以，**范式最直接的含义就是通用的、广谱的、大众的、基本的模式。也就是说，当一种先进的新模式开始变得大众化、主流化，它就变成了范式。**

模式你可以不学，但范式却是你的必修课。如果你不尊重范式，不学习范式，就会跟不上这个时代。可以毫不夸张地说，**任何商业力量都比不上范式的力量，它改变着各个行业以及各个领域的商业发展。**

改革开放40多年，我们的生活历经了无数次范式革命。

以电视机为例，最早的电视机都是黑白的，彩色电视机问世之后，黑白电视机逐渐被淘汰，彩色电视机变成一种新的范式。早期的电视机使用的都是显像管技术，所以外观显得很笨重，后来又轻又薄的等离子电视机出现了，所以等离子技术替代了显像管技术，成为电视机的新范式。可是等离子电视机还没有流行多久，液晶电视机诞生了，就这样，液晶技术替代了等离子技术，带来了电视机的新范式。电视机的范式革命是整个家电业的缩影，而家电业的范式革命又是其他行业的缩影。

范式革命是大多数竞争领域的最大敌人和最强力量。当范式革命到来的时候，在这方面落后的企业，即使竞争力再强，也会很快变得陈旧并失去魅力，因为消费者对他们已经失去了兴趣。所以，可以毫不夸张地说，抓住什么都不如创造范式。

要想成为一个优秀的社群化企业，除了要输出价值观以外，更重要的是要能够给传统产业带来巨大的颠覆。当你的产业和产品都开始进行范式革命的时候，消费者都会倒向你这边。

所以，今天社群的彼岸在哪里？社群应该如何转化成实体经济和产业经济，从而创造高额的利润、强大的品牌和强大的影响力呢？这就要求社群革命最终要带来范式革命，而且要达到盈余的程度。范式的盈余就是在产品创新、营销创新、市场创新、组织创新的基础之上，还要给你的员工一种新的工作范式，给你的粉丝一种新的生活范式，给市场一种新的产品范式，给消费者一个新的品质范式。如果做不到这些，你就永远是个局部革命者，创新和社群化永远也只能停留在表面。

那么，如何做才能实现范式盈余呢？简单来说，只有在价值范式、经营范式、生活范式和管理范式上都实现了盈余，才能最终实现范式盈余，如图 6-7 所示。

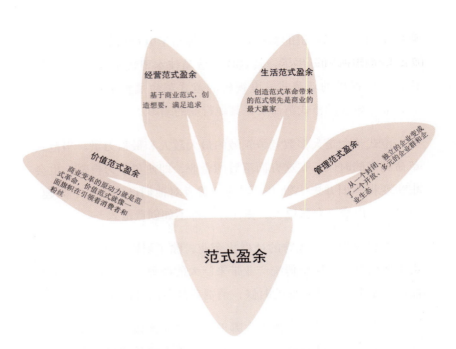

图6-7 实现范式盈余的4个方法

6.3.1 价值范式的盈余

什么是价值范式？举个例子，过去很多人都认为车越贵越有面子，但是现在开新能源车成为潮流。因为有些价值标准已经改变，所以越来越多的人比的不再是车的价格，而是车的环保性能。简单来说，价值范式的标准就是聪明的、正确的、高级的、先进的，而这个标准一直在变。

关于白酒的品牌价值，过去讲的都是历史悠久、品牌高级，但是酣客却为白酒的品牌价值带来了一场革命，形成了尊重人、看重人、贴近人的价值范式。中年人是喝白酒的主要群体,所以酣客要做中年人的心灵家园,通过一瓶酒打开中年人的世界,让中年人的后半生走上坡路。

过去,酒就是一个商品,但今天酣客改变了酒的范式。酒不再只是一个商品,已经变成一个阶层的生活方式。酣客倡导的是,人到中年不丢人,虽然我们的身体在变老,但我们的心和梦想并没有变老,这些都是酣客带来的关于白酒的新价值范式。

互联网颠覆了很多传统产业,其实互联网给我们带来的也是价值范式。比如,电商平台刚出现的时候,网上商品鱼龙混杂,但是今天,如果你不会网购,就等于跟这个时代脱了节;网约车刚上线的时候,很多人都觉得网约车不太安全,但是今天如果你连滴滴都不会用,出门就会很不方便;携程等网络购票平台刚兴起的时候,很多人都不相信还可以通过网络购买飞机票,但是现在机票代理商这个职业已经基本消失。

范式价值之所以会在互联网的推动下不断更新和演变,其中最大的原因就是认知和伦理走得太快。在互联网的帮助下,今天的人们可以快速浏览大量的信息,快速了解某个专业领域的相关知识。这时候社会就会发生一个潜移默化的变化,那就是每个人的内心深处都在不断产生范式革命。

过去,消费者在购买产品时,除了看重实用功能外,更注重品牌价值。今天,服装行业的 ZARA、优衣库,手机行业的华为、小米,汽车行业的特斯拉,这些企业都在用范式颠覆着行业。所以在今天,"高消费就是时尚,买奢侈品就代表品位"的逻辑不再成立。在很多年轻人看来，拿着小米手机并不比拿着苹果手机没面子，穿优衣库并不比穿香奈儿没面子，这就是价值范式。

过去，老百姓家里常见的家用电器无非以下几种：电视机、冰箱、洗衣机、空调、热水器等。但是今天，大多数家庭的家用电器的品种翻了几倍，可以分成多个不同的类别。比如，厨电就是其中很大的一个类别。如果你认为厨电就是油烟机、电饭煲，那就落伍了。走进现代年轻人的厨房你会发现，豆浆机、料理机、破壁机、榨汁机、烤箱、自动洗碗机等，几乎已经成了标配。

生活的方方面面都在进行着范式革命，而范式的背后就是价值。所以，商业变革的原动力就是范式革命，价值范式就像一面旗帜引领着你的消费者和粉丝。

除了外部大环境和行业内的价值范式以外，社群内部的价值范式更重要。比如，在酣客，虽然我们的薪酬待遇比同行业都高，但是对员工最大的吸引力不是工资，而是在酣客工作能够成长为精英的价值范式。

6.3.2　经营范式的盈余

如果说价值范式是一面旗帜，那么经营范式就是每天你必须要面对的经营过程。下面就以酣客为例来给大家详细讲解一下经营范式。

1. 从品质无保障到尖物实价

传统白酒业的经营范式就是渠道、经销商、终端。在这种经营范式下，白酒业的定价和销售模式基本都是售价定得很高，经销商的采购价很低。所以在糖酒会上，很多白酒企业会打出类似"订货 50 万，交货 100 万，再送一台汽车"的口号。经销商花了 50 万元可以拿到 100 万元的货，又得到了一台价值十几万甚至几十万元的汽车，最后一核算，这批货可能只值 10 万元。在这种情况下，酒的品质还会有保障吗？

酣客提出了"尖物实价"的标准。也就是说，从消费端开始，就让消费者了解白酒、认知白酒。所以尖物实价就是一种经营范式，也是一种价值范式。

2. 从打压经销商到扶持巨头经销商

传统白酒业主要依靠经销商进行销售，但是，因为担心自身受到威胁，白酒厂家大多不愿意让经销商做大。所以，传统的白酒品牌通常都有几千家经销商，以便让经销商分散。但是酣客却打破了这一规则，我们就是要培养经销商巨头。

所以，短短 5 年时间，酣客就培养出了销售额上亿的中心社，以及一大批超级经销商巨头。这就是渠道的经营范式变化。

3. 从喝酒人到卖酒人

过去，做白酒的人基本都是行业内的专业人士，但是这一规则如今也被酣客打破。我在前面就曾提到过，与互联网行业相比，白酒行业是相对落后的行业，专家少、精英少，大部分时间都在用旧地图找新世界。但是酣客却把很多互联网行业、房地产行业的精英拉进来一起做白酒。在这些行业精英的引领下，白酒行业被推上了一个新境界。所以，过去是卖酒的人卖酒，今天我们却让喝酒大户变成了卖酒大户，这也是酣客非常重要的一种经营范式。

4. 从商店到酒窖

过去，白酒业的销售终端大多是烟酒店、超市、大卖场。但在酣客看来，这些渠道的成本都有些虚高，而且对顾客的亲和力也在逐渐下降。大多数人喝酒主要分两种情况：第一种是自饮，第二种是招待朋友。大多数的酒是因为社交而喝下去的。在这个背景下，以社交为前提和本质的酣客酒窖开始出现，成为一种新的经营范式。

首先，酒窖不需要临街商铺，自家不用的商住两用房可以改建，闲置的写字楼也可以改建，从而大幅度降低了店面的成本；其次，酒窖在生意招揽方面的能力也很强。我们的酒窖本身就是一座白酒的博物馆和文化馆，具有巨大的文化黏性和吸引力。另外，当你想喝酒的时候，我们有尖物实价的白酒，还有美味实惠的下酒菜。所以，与传统的白酒行业以店铺作为销售终端相比，酒窖这种销售终端可以让经营者的压力小很多。

5. 从商品到生活方式

过去，酒就是一种商品，但是今天，酣客却把酒变成了一种生活方式，这也是一种经营范式的改变。所以，所有酣亲每年都在期盼过酣客节、参加酱香之旅和国际游学。所有酣亲一年四季都不用考虑买什么上衣，因为在酣客就可以买到价格便宜但品质却不输名牌的衣服。

可以毫不夸张地说，在酣客发生的很多事情都是创新的，我们思考的源头都是范式的颠覆。范式的根据是什么？就是现代生活、现代环境，让人类想什么、要什么、喜欢什么。所有企业的基本商业范式都是在满足需求，但是酣客却把这件事从满足需求变为创造想要、满足追求。

从头到尾，酣客所做的就是在中国白酒行业进行一场经营范式革命。那么，酣客在经营范式的打造上可以给其他企业哪些启示呢？

第一，要树立品质第一的思想，打造出高质量甚至超出消费者预期的好产品。

第二，要与合作伙伴建立共生共赢的关系。

第三，积极拓宽寻找合作伙伴的渠道，比如把忠实粉丝变成合作伙伴，基于对产品的热爱，合作才能够更加长久。

第四，为你的消费者打造一种生活方式。

有了这种经营范式的革命，才能为你的社群带来更高效的员工团队和凝聚力更强的经营团队，让你在市场上长久地立于不败之地。

6.3.3 生活范式的盈余

价值范式带来了经营范式的盈余，经营范式直接为消费者和粉丝带来了生活范式的革命。所谓**生活范式，简单来说就是一种已经被大众认可的主流生活方式。**

那么，酣客所引领的生活范式有哪些呢？

喝酒要小口慢咽，喝出声音，另外要少喝酒、喝好酒、喝出健康、享受酒，这些都是酣客给粉丝带来的生活范式。

另外，中年人应该怎样生活？

应该人老心不老，人老梦想不老，这也是酣客给粉丝带来的一种生活范式。还有，旅游要跟酣亲一起去，因为这样会让旅游的快乐感更强、学习氛围更浓、收获也更大，这也是酣客给粉丝带来的一种生活范式。所以，喝酒的范式我们在改变，穿衣服的范式我们在改变，旅游的范式我们也在改变。更重要的一点是，好酒的范式我们也在改变。

在我看来，品质既是经营也是价值，更是生活方式。过去，很多人对白酒品质的理解，多半就是看谁做的广告多，谁的企业大，但酣客却一举打破了这种认知范式，我们的做法是让所有人都去亲自动手体验一下。所以，酣客白酒封测里的拉酒线、看酒花、烧裸体酒、酸酯分离，就是对白酒品质范式的一次颠覆。也就是说，要让消费者眼见为实，用眼、耳、鼻、舌、身、意来体会什么是真正的高品质。

从 2018 年开始，酣客又提出了更高的品质范式。酱酒行业

第6章 符、织、范：打造符号，对组织进行范式革命

有一句行话"品质最重要"，但是，到底什么是品质？很多酱香型白酒企业对品质范式的理解就是真材实料，但在我看来，这是一种片面的理解。真材实料只是基础，同时还要为你的酒配备好的酒瓶、好的酒杯、环保的包装，这样才能称为高品质。所以，我们给白酒提出的新的品质范式就是设计引领品质。

连品质都可以用新范式来引导消费者和市场，改变生活范式不是更容易吗？

举个例子：不知道从什么时候开始，很多女孩都喜欢穿尖头鞋，尖头鞋对于传统高跟鞋来说就是一种范式革命。尖头鞋流行了一段时间之后，鱼嘴鞋又流行起来，鱼嘴鞋对于尖头鞋来说也是一种范式革命。鞋服行业之所以新产品、新款式层出不穷，主要原因就是服装行业的审美一直在不断变化，什么流行就穿什么，这就是审美范式的革命。

再举个例子：说起收藏，很多人认为收藏的范式就是一定要收藏老物件、旧东西。但是今天新的收藏范式来了，很多电影和电视剧中的人物玩偶成为很多年轻人的收藏首选。这些玩偶的材质大多为塑料、软陶、树脂或布料。在老一辈搞收藏的人眼里，这些玩偶根本算不上收藏品，只能算是工艺品。但不可否认的是，这就是一种新的收藏潮流，也就是收藏的范式革命。

过去，富人的象征大多是开好车、住豪宅；今天，低调的富豪们则更愿意把富有的表现浓缩在一只腕表上。所以，很多高达几十万元甚至几百万元的腕表便成为富豪们的心爱之物。但是，从功能上来说，几百万的腕表与几十元的电子表其实并没有太大

差别。那为什么还有那么多名人、富豪对名牌腕表情有独钟呢？因为品牌腕表是他们彰显自己身份的一种生活范式。

所以，谁是商业的最大赢家？答案就是可以创造范式革命带来的范式领先。

作为一个新品牌，酣客酱酒之所以在很短的时间内就得到了10万中国企业家的热爱，就是因为它所带来的白酒的价值范式，以及它带来的生活范式的改变。这种改变并不是按照酣客的审美在改变，都是依照消费者的审美在改变，所以我们才能够深得人心。

所以，生活范式的盈余对社群来说是一种更大的市场号召力和商业竞争力。如果你想拥有这种市场号召力和商业竞争力，就要像酣客一样，深刻洞察消费者审美的变化趋势，成为引领整个行业范式革命的先驱者。

6.3.4 管理范式的盈余

什么是管理范式？

简单来说，就是在管理上运用的方式和方法。从管理学的发展来看，管理范式都经过哪些迭代呢？

很多企业的内部组织都是金字塔结构，从上到下有很多领导，很多阶层，这是一种组织结构，也是一种管理范式。这种管理范式从上向下传达命令很方便，但是下面的人想要向上反映问题却很麻烦。随即，矩阵式组织结构（即矩阵式管理）开始出现，替代了金字塔式组织。在矩阵式组织结构里，整个企业的各部门是网络结构，没有上下级，只有上下游的流程。后来，一种新的组织形式又出现了，那就是阿米巴，阿米巴就是以小团队形式来应对市场的组织。有时候组织扩大了反而会影响效率，所以小组织越来越受追捧。今天，酣客又带来了一种更新的管理范式，那就是每个部门都要做好准备成为一个独立的公司。

酣客的仓储和物流在白酒行业是非常领先的，不仅面积大，而且智能化程度非常高。所以我经常对物流部门说，希望他们不要只满足做一个部门，而是要时刻准备成为一家物流和仓储服务公司，甚至直接一步到位，成为一家物联网公司。这样就可以在为酣客提供服务的同时，也为更多人提供服务。

我也经常对酣客文化中心的人说，希望他们不要只满足于做一个文化中心，而是要时刻准备成为一家文化公司。对于酣客的财务部，我也希望他们能够成为一家财务公司，不仅为酣客提供财务服务，也可以为第三方提供财务服务和审计服务。连酣客的影视中心我都给他们定了目标，希望他们能够同时对内服务和对外服务，最终成为一家影视艺术公司。所以说，酣客的任何一个部门，我都希望它们能以小组为核心，以效率为核心进行组织变革。

那么，为什么今天的企业可以快速实现从部门到公司呢？就是因为社会化服务越来越简单。比如，关于IT技术，董事长的水平可能比不上一个程序员；关于文化工作，董事长的水平可能不如一个普通的摄影师。所以，用非专业人士来管理专业的岗位，不仅迟钝而且落后。

那么，为什么过去都是这种管理范式呢？因为过去的社会化分工没有今天这么细。过去讲究的是权威，但今天人们更注重认知。所以，如果我被问到关于酣客的一些专业问题的时候，我回答得最多的可能就是"不知道"，因为有些专业问题我真的不知道。

所以在管理的范式上，酣客已经从一个封闭、独立的企业变成了一个开放、多元的企业群和企业生态。而且我们不会担心忠诚度的问题或者企业文化的问题，因为酣客压根没有把目标放在功名利禄上。酣客的目标就是通过白酒行业的范式革命，让消费者发生生活的范式革命，让员工发起工作的范式革命。

所以，当你的最终目标、愿景、使命、价值观、蓝图都正确的时候，你就完成了最好的范式革命。什么是正确的？就是顺人性、顺人心、顺时代、顺未来、顺国策、顺国事。做到了这6点，就能实现道法自然。也就是说，到了这个时候，企业的成功并不是因为它的努力，而是社会的进步把它推到了一个成功的位置。这就叫管理范式的革命。

所以，要想实现企业的社群化，你的脑子里必须有一个终极目标，那就是推动你所在行业的范式革命。帮助你的消费者和员工实现价值范式的盈余，同时，让管理范式对内，生活范式对外，从而带来整体的文化范式的领先。

过去做企业做的是品牌，今天做企业做的就是范式革命。

|第 7 章| CHAPTER

品、根、力：用品质和根气创造扭曲力

"品、根、力"就是指品质盈余、根气盈余和扭曲力场盈余。

品质盈余是让你的产品品质给消费者带来惊喜,让你的文化品质给消费者带来意外,让你的组织品质充满忠诚、务实、阳光、坦诚的美好气质。

根气盈余是要让你的产业根基像参天大树的树根一样深深扎到地下,然后通过文化体系的自生长让你的社群充满精气神。

扭曲力场盈余是当你具备落实力、传播力、复制力、习惯力、环境力、感召力这 6 种能力之后,就会产生一种强大的扭曲力,从而成就强大的企业。

7.1 品质盈余

什么是品质盈余？

简单来说，就是要在产品品质上给消费者带来惊喜和意外，为消费者创造以真材实料为基础的更高品质的产品。

如今大家都开始讲消费升级，消费升级的本质就是从追求数量变成追求品质。过去，物资不足、产品不足，质量差一点，大多数人都能忍受。但是在今天，没有人会再为低质量的产品买单。所以，今天所有行业都在进行一场变革，那就是品质升级。

从品质的角度来讲，过去高品质是企业的一种高追求，但是现在高品质只是入门级的标准，要让品质达到盈余才可以。如果品质不过关，其他事情都没有资格谈。

那么，怎样做才能实现品质的盈余呢？图 7-1 给出了实现品质盈余的 3 个方法。

7.1.1 产品品质，给消费者带来惊喜

实现产品品质盈余的第一要点就是在满足消费者需求的基础上，给消费者带来惊喜。也就是说，产品品质给消费者带来的惊喜是品质盈余的基础。下面就以酣客为例，给大家讲一讲应该从哪些方面打造产品的品质。

第 7 章　品、根、力：用品质和根气创造扭曲力

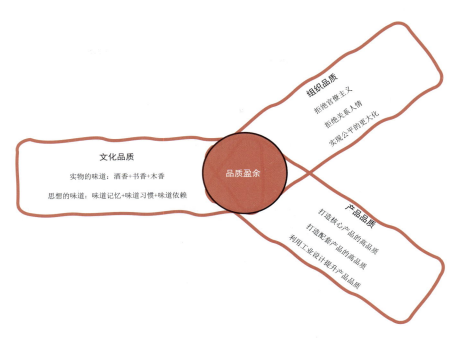

图 7-1　实现品质盈余的 3 个方法

1. 打造核心产品的高品质

为了实现品质的盈余，给消费者带来惊喜，酣客不仅在酒的品质上追求尖物实价，在所有相关产品上同样追求尖物实价。我在前面提到过，除了酒本身以外，酣客在酒瓶、瓶盖、包装箱以及缓冲材料方面都做得很用心，都在追求最高标准。

2. 打造配套产品的高品质

酣客的瓶盖和缓冲材料埋到土里 3 个月就会百分之百生物降解，完全达到环保的要求，这就是品质的惊喜。我们的纸箱不仅

可以承重 600 斤（如图 7-2 所示），而且被雨水冲刷半个小时依然会完好无损，晒干后可以继续使用，这也是品质的惊喜。垃圾分类已经成为大趋势，按照相关标准，酒盒只能被归类于有害垃圾，因为盒子里面有大量的胶水、塑料、甲醛等化学制品和石油制品。但是今天，大家可以潇洒大方地把酣客的酒盒扔进可回收类垃圾箱，因为我们的酒盒所用的材料都是可循环使用的环保产品，这同样是品质的惊喜。

图 7-2 可承重 600 斤的酣客空纸箱

3. 利用工业设计提升产品品质

酣客的半月坛深受艺术家的喜爱，因为这种白底黑字、小小 logo 的造型透露出来的是一种素净不争的美感，非常符合如今极简、空灵、禅意的审美，如图 7-3 所示。这更是品质的惊喜。所以，品质不仅在于真材实料，而且还要符合审美，即会触摸人的精神。

第 7 章 品、根、力：用品质和根气创造扭曲力

图 7-3　酣客半月坛

这种价值从何而来？答案就是设计。所以，酣客更大的品质惊喜来自酣客的设计。

酣客打造了很多从未出现过的关于酒的文化衍生品，比如酣客的酒宠，如图 7-4 所示。有哪个白酒品牌可以为喝酒这件事打造一个宠物供人把玩？酣客可以。过去，酒具对于喝酒的人来说就是盛酒的器物，但是酣客打造的活瓷酒杯却成为很多酣亲心爱的把玩之物，一段时间之后，酒杯上还会出现包浆，显现出岁月的痕迹。

中国的第一个随身陶瓷酒壶也是酣客公社制造的。我们的酒壶在材质上与其他的酒壶有很大不同，其他酒壶大多为不锈钢材质，但我们认为不锈钢其实并不适合做酒壶。虽然 304 不锈钢很健康、很安全，但是不锈钢要经过焊锡才会成为酒壶。锡元素与乙醇会发生化学反应，从而影响酒的品质。我们从人类对健康、

安全的追求出发，决定用陶瓷来制作酒壶。

酣宠：把玩酱酒，酒桌上的新乐趣，藏家玩家新风尚

自古饮酒的器皿中都有动物的身影，它是精神寄托的载体，也是酒客自身素质的佐证。

传统中的象尊、犀尊、牛尊、羊尊、虎尊等，都是祥瑞、福报、吉祥安康之意。

小猪历来是富足、祥瑞的象征，所以把它养在酒杯中寓意非常好，也很招人喜欢。

图 7-4　酣客酣宠

为了让酒壶可以更方便随身携带，我们把它做得很薄，最初是 35 毫米，后来做到 30 毫米，然后又改到 25.7 毫米，到现在是 22.5 毫米。为了做好这一点，我们的良品率只有 40%。这说明什么？说明我们在不惜成本地满足消费者对品质的要求，甚至连消费者自己都不知道的一些需求，我们都在满足。

今天的酣客以酒的品质（尖物实价）为根本，在瓶盖、酒瓶、包装纸箱、缓冲材料以及工业设计等众多方面实现了品质盈余。这就是酣客虽然是一个新品牌，但是已经成为很多消费者心目中的荣耀品牌的根本原因。因此，在品质盈余上，你必须做到这种程度，才足以潇洒、从容、自在地面对社群，同时高速、高效地推广你的社群营销工作。

在提升产品品质方面，企业具体要关注哪些方面呢？一般来说，打造一个优质的产品，需要从以下几个方面入手：稳定性、可靠性、性能、感观以及用户体验等。如果在这些方面都能做到优秀，打造出来的产品必然是优质的，甚至会超出消费者的预期。

那么，高品质的产品如何打造呢？从根本上来说，产品的质量取决于生产过程中的管理，主要包括以下几个部分：

1）完善生产车间管理，比如最基本的，生产材料归类统一放置；

2）完善生产岗位责任制度，除做好本岗位工作外，本岗位工作相关的设备保护、环境卫生等也必须随时保持良好；

3）建立产品质量互保制度，对生产过程中的各道工序严格把关，发现质量问题及时反映；

4）在生产过程中经常对产品参数进行测量，发现不合格产品及时进行调整；

5）发现违规操作，坚决通报并做好对管理者及工人的思想教育工作；

6）对及时发现质量问题，避免事故进一步扩大的有功人员给予表扬和奖励。

在很多人看来，社群只是一种营销方法，但是实际上，社群是一种价值观。如果你想要获得更好的营销效果，同时又不愿意用太多资金去做广告的话，记住一点，做到品质的全方面盈余就可以了。也就是说，产品的品质不仅要满足消费者的需求，还要满足消费者的追求，达到让消费者惊喜的程度。

7.1.2 文化品质,给消费者带来意外

什么是文化品质?

如果说产品品质是产品的 360° 标准,那么文化品质就是消费者和员工能够感受到的企业的味道。也就是说,文化其实是一种味道。

每个企业都有自己的企业文化,都有属于自己的不同味道。酣客公社是什么味道的呢?

1. 实物的味道:酒香 + 书香 + 木香

首先,酣客酒窖的味道与其他酒窖的味道不一样。大家都知道,酣客酱酒的空杯留香时间很长,所以走进酣客酒窖首先就会闻到一股浓浓的酱酒留下的香味。酣客酒窖里有很多藏书,所以走进酣客酒窖还会闻到一股书香。酣客酒窖里还有很多樟木制作的摆件,所以会有一股浓浓的木香。当樟木散发的香味与酱酒的香味、书的香味混合在一起之后,就会散发出一种很独特的味道,这就是酣客的味道。

2. 思想的味道:味道记忆 + 味道习惯 + 味道依赖

实物的味道是可以直观地感受到的,而思想的味道要用心去体会。

酣客人穿的衣服都是同一个颜色,这是酣客的一种色彩文化。

酣亲在日常沟通中有很多关键词,两个不认识的人如果能够

聊到这些关键词,就像对暗号一样,立刻就会知道对方也是一个酣亲。这是酣客的语言的味道。

酣客人都有一个特点,那就是特别热情,酣亲与酣亲之间也很容易相互信任。这是酣客的人情的味道。

酣客的书都有一个特点,那就是厚。所以"厚"也是酣客的一种味道。

酣客出品的东西,在所有酣亲里已经形成了一个共识,就是"不需要想,只需要抢"。也就是说,酣亲对酣客品质的信任和依赖已经形成了一种消费的味道。

参加酣客的海外游学,除购物外,其他费用酣客全部承担。所以,如果不购物,酣亲可以不带一分钱参加海外游学。如果酣亲想要购物,我们倡导的也是小型购物。所以,酣亲在跟酣客打交道的过程中,感受到的都是靠谱、善良和正直。这也是酣客的一种味道。

举办酣客节,我们很少邀请明星,即使邀请了,他们也是坐在台下。我们也从来不设置抽奖环节,因为我们就是想单纯地为所有酣亲提供一个相互交流、同欢同乐的机会和平台。这也是酣客的一种味道。

所以说,所有的酣亲都对酣客形成了一股味道记忆、味道习惯和味道依赖。

那么,对于一般企业而言,需要从哪些方面入手打造文化品质呢?正如前面所讲的那样,文化其实就是一种味道,主要体现在从产品到员工、从消费者到粉丝、从经销商到渠道,即与企业相关的每个人、每个事物所带着的一种气质上,这种气质主要通过语言方式、行为方式以及处世方式来体现。

为什么产品品质要创造惊喜,文化品质却要带来意外呢?因为很多消费者其实对企业的文化还没有要求,所以好的文化品质对他们来说就是一种意外。消费者并没有要求的事情我们却做到了,甚至消费者压根不知道的事情我们也做到了,这就是一种品质的盈余。

7.1.3 组织品质,共享管理和经营成果

说起品质,绝大多数人理解的就是产品品质,其实不然。除了产品品质以外,内外都能感受到的是文化品质,内部管理最重要的是组织品质。产品品质有好有坏、文化品质有高有低,组织品质也存在着差异。比如,一群人一条心,组织品质就高;一群人各自为战,组织品质就低。在一家公司里,人防人、人算计人,组织品质就低;但是人人都很简单、忠实、坦诚,组织品质就高。

应该如何形容高品质的组织,我想到了"美好"这个词。什么是美好的组织品质呢?简单来说,就是从领导者到员工,每一个人的身上都流露出一种美好的味道——忠诚、务实、阳光、坦诚、大气。那么,具体来说,组织品质的美好都体现在哪些方面呢?

1. 拒绝官僚主义

品质美好的组织里，不存在以大欺小，也不存在官僚主义。在酣客，我们绝对不会姑息阻碍年轻人成长，打压年轻人，给手下人脸色看的领导干部。因为有这样的人在，我们的组织无法实现美好。

2. 拒绝关系人情

从某种程度上来说，人情关系存在于很多企业中。但是，酣客却打造了一个不需要人情关系，只需要说实话、办实事的组织。这也是我们的组织品质的一种美好。

3. 实现公平的更大化

很多企业老板都很难做到一碗水端平，但是在酣客，公平就是最重要的一种组织品质。酣客很少辞退员工，为数不多的被辞退的几个人里就有两个是我的亲戚，因为他们不适合这里的工作。这也是我们组织品质的一种美好。

不要以为产品品质和文化品质是自然生长起来的，一切品质都要由组织品质去保障。所以，把握组织品质的纯洁与美好，比抓财务、抓战略、抓资本要重要得多。

除了产品品质、文化品质和组织品质之外，社群就没有其他品质需要做到盈余了吗？当然不是。我只讲了这3种品质，是因为它们是一个社群所需要的最重要的品质。其中，最根本的是产品品质，用得最多的是文化品质，决定管理结果和经营结果的是组织品质。

除此之外,社群中的管理品质、品牌品质、财务品质、物流品质同样需要做到最好,做到盈余。比如,财务品质的盈余要求财务人员不仅账目要做得清楚明白,每月准时交出财务报表,同时还要能辅助决策,指导管理;对于物流品质的盈余来说,安全、快速只是最基础的要求,还需要把商品的破损率降到最低。酣客的物流破损率连续 5 年呈下降趋势,2019 年年底,我们的破损率降到了万分之 1.5,在行业中已经达到了领先水平。

所以,以产品品质惊喜为基础,以文化品质意外为主干,以组织品质美好为根基,你才有可能把所有的品质都做到最好,做到给人惊喜,做到出人意料,最终带来一个结果,那就是:员工到你的公司上班,能够很快感受到组织品质的美好和可依靠;消费者与你的企业打交道,能够很快感受到产品的品质完全超出预期。

接下来,在品质盈余的基础之上,消费者和员工就会对企业文化形成依赖,这样就会产生一个结果:消费者想要购买产品,就会首先想到你的品牌,而且不会考虑更换品牌;员工准备一辈子不换工作,就在你的企业里退休。试问一下,如果一家企业能够做到这种程度,怎么会不发展壮大呢?

因此,品质主义就是社群经济和社群方法论的根基和原因。

如果不想在品质上有追求,你就不要做社群经济。

7.2　根气盈余

讲到这里，相信大家对社群方法论已经有了一定的了解。社群在管理、运营、竞争等各个方面与传统企业都有着很大的不同。如果说过去的组织是硬组织，社群就是软组织；如果说过去的企业竞争是硬竞争，那么社群的竞争就是软竞争；如果把过去的企业竞争力叫作固体竞争力，那么社群竞争力就是液体竞争力或气体竞争力；如果把过去的管理比喻为点对点、线到线的线性管理，那么社群管理就是一种非线性、全面的管理，弥漫在企业各处，同时也弥漫在市场、消费者和粉丝当中。

可以说，社群的确是人类的经济学和管理学在面对信息爆炸、低敏感度和透明化社会等新难题时需要的一种新的管理学思维。

讲到这里，大家是不是有一种感觉，那就是现有的词汇已经无法再用来形容新的社会，现有的语言、逻辑、语境已经很难再用来描述未来。所以，在讲社群方法论的时候，我也经常会感觉词语匮乏。基于我过去所学的经济学和管理学知识，经常会感觉到词不够用、文不达意、力不从心。所以，在社群方法论中，我自己造了很多词，虽然不一定准确，但是却更便于大家理解社群方法论。

下面我们要讲社群方法论的第 14 个方法，用的就是一个我们未曾见过、不曾用过、也没有体验过的新词汇，这个词就是根气。什么是根气？我们还是用拆解的方法来分析一下。

1. 根

首先，我们来看一下"根"是什么。你有没有发现，从起源上来说，企业和社群是有差别的。在我看来，企业是一步步发展而来的，但社群却更像是生长出来的。从这个层面来解读，企业发展要遵循固定的方法论，按照线性逻辑去一步步推进。对于生长而言，最重要的是什么呢？自然是种子，即你的根基。因此，企业发展更多地要考虑科学和逻辑，而社群发展更多考验的是种子和基因。

那么，什么是社群化组织的种子呢？答案就是做社群的初心和动机，如果你的初心和动机正确，最先生长出来的就是根基。一棵树的生长，一片森林的形成，正确的根基是最关键所在。对于社群来说，种子和基因决定了社群是否能够成材、成林。

2. 气

那么什么是气呢？这一概念来自中医理论中的"精气神"。按照中医的理论，气就是生命活动的推动力和调控力，人体健康的标准就是气血平衡。那么这与社群方法论又有什么关联呢？

其实现代管理学走到今天之所以遇到困惑，主要是因为它不够"圆融"，解决不了现在这个信息爆炸、低敏感、透明化社会的太多管理问题。所以，我们有时候就需要用中医和中药科学去进行深入的解读。

那么，根气中讲到的气是什么呢？不知道大家有没有感觉到，我所讲的社群价值盈余、文化盈余、伦理盈余以及生活盈余与中医理论中的"精气神"非常相似。所以这种之前管理学上不曾出现过的场景、情况，以及不曾出现过的词汇，就可以解释为根气中的气。而且，这种气所代表的东西，在社群方法论当中已经变得越来越重要。

根基与精气神，我找不到一个词汇去形容它，所以便给它起了一个很俗气但是很容易理解的名字，就叫根气。也就是说，企业的管理需要的是科学线性逻辑，社群的管理需要的则是根基与精气神。那么，社群都有哪些根基，又如何实现盈余呢？

7.2.1 产业根深：社群发展的最大根基

社群的第一个根基就是产业根深。有很多人把社群当作一个聪明的方法，其实这是对社群最深的误解。如果把社群当作一个聪明的、新颖的、可以学来的、可以导入的、可以引进的方法，那么你很可能会走偏。所以，我一直在强调，社群所要求的企业基本原则与传统企业相比，一点都不少。

如果说社群就是一棵快速生长的树，那么如何保证这棵树不会倒？最重要的就是它的根要扎得很深。所以，根基才是树木和森林牢固的根源。正如我们在治理西北荒漠的时候得出的经验，光种草是不行的，还要种有根的木本植物。那么，社群的根基是什么呢？答案就是产业的根深。

可以毫不夸张地说，地上有多大的事业，地下就有多深的根基。地下的根基就是那些不为人所知、表面看不到的企业实力，也叫基本面优势。酣客走到今天，三大生产主体全部都是贵州省仁怀市茅台镇最领先的民营酱酒企业。酣客全资投资的酣客品创是一家拥有独立人才培训体系、科研创新体系、软实力和硬实力都非常卓越、领先的新型酱香型白酒酿造企业。酣客持股的其他两个生产基地也都是茅台镇排名前十、基本面非常好的民营企业。

那么，酣客的产业根基具体表现在哪些方面呢？

1. 与合作伙伴共赢

为什么酣客拥有如此深厚的产业根基？因为酣客的社群方法论不仅是营销方法论、市场方法论，更是企业的合作方法论。也就是说，酣客不仅对粉丝和员工实行社群化，对合作伙伴同样实行社群化。酣客与合作伙伴实现的是双赢。正如前文提到的，酣客曾先后与茅台镇的鹏程酒厂、夜郎谷酒厂、君丰酒厂进行合作。这三家酒厂有的规模很小、有的濒临破产、有的经营遇到瓶颈。合作之后，全部重新焕发了生机，并在几年之后成为茅台镇酱酒企业中的典范。

与合作伙伴共生共赢就是产业根基的一种体现。

2. 创新、研发、工业设计

除此之外，酣客牢固的生产体系还建立在创新、研发及工业设计上。迄今为止，酣客已经拥有150余项专利，有超过200个品牌储备，同时还有自己的文化产业、影视产业，以及企业战略设计、品牌设计、品位设计。从品牌顾问到品位顾问，从平面设计到工业设计，从研发到创新，从供应链到知识产权和生产体系，酣客都有自有的体系，已经成长为现代酱香型白酒企业生态集团。酣客的供应链不仅宽而且深，所有的自有体系都有生产制造、研发创新的能力。

中国白酒行业，能从工作设计开始进行创新的企业很少，酣客是先行者。很多传统酒厂对工业设计、新材料和器型以及上游的研究都很少。同时，对下游的研究也很缺乏，比如从粮食的农残检测到标准的树立，再到终端的博物馆、研究院对酒文化的展示。伴随着酣客的成长和发展，中国白酒行业的博物馆、体验馆、文化馆越来越多，因为大家都看到了酣客产业根基的强大，正是酣客社群这棵大树、这片森林茁壮成长的根本原因。

强大的创新、研发和工业设计能力也是产业根基的一种体现。

3. 超级强大的物流体系

大家都知道，与大多数商品相比，白酒的运输难度更大一些，因为酒瓶易碎。所以，面对酒类商品的运输，很多物流企业都没有特别丰富的经验，而且有些物流公司压根就不接这个品类的生意。但是，酒生产出来总归要发给经销商和消费者，所以我们开始在全国建立自有的物流体系。

酣客物流体系的发达程度我在前面已经详细介绍过，这里就不再赘述。不过，其中有一点我还是想特别说明一下。相信很多人在生活中都遇到过这样的情况，买回家的成箱的酒水饮料或其他商品的包装箱上，有时候会看到一些泥点。这大多是因为在运输的过程中，遇到了雨天，车轮在行驶的过程中把路上的泥甩到了车上。但是，酣客分社和酣客酒窖拿到的所有货物，不仅破损率特别低，而且所有的外包装箱也都非常整洁。难道酣客的物流车辆就不会遇到雨天吗？当然不是，这是因为酣客的物流体系的装车标准非常严格。一般的货车在运输的时候都会在货物上面盖上篷布，用来防雨防尘。但是酣客的物流体系却要求货车的底板也要围上篷布，就是为了防止下雨时泥点被甩到货物上。这也是产业根深的一种体现。

除了自用之外，酣客的物流体系还为阿里巴巴的盒马鲜生以及中国最大的房地产销售公司恒辉公司提供物流服务。盒马鲜生之所以选择与酣客合作，是因为在他们看来，只有酣客的供应链和产业根基可以满足他们对现代供应链和物流链的品质要求。恒辉公司之所以选择与酣客合作，是因为他们在进军酱酒产业之后发现，酣客能够在设计、研发、供应链、仓储、物流上全面帮助他们，为他们设计全面的解决方案，酣客才是他们进军酱酒产业的根基和靠山。

酣客之所以可以给自己的经销商和顾客提供最佳的产品和服务，是因为它有深厚的产业根基。酣客之所以可以给合作伙伴提供中国白酒业唯一全产业链的 ODM 服务，同样是因为它有深厚的产业根基。所以，承载一个高速发展的社群，绝不是仅仅靠勤奋和才智就能做到的，产业的根基高于一切。

产业之根是每一个要发展社群的企业不可或缺的基本面。其实利用产业根深获得巨大成功的企业有很多，华为、小米已经被说得太多，我在这里想说一说喜茶。

作为新型创业公司，喜茶是最近两三年被越来越多的人知道并喜欢的一个茶饮品牌。不了解喜茶的人大多认为，喜茶就是一个有一定创新基因的茶饮品牌，推出的饮品大多都是有趣的、花哨的，比较迎合年轻人的喜好，所以才有机会占得一席市场。然而，大家看到的只不过是喜茶的表象。

喜茶的创始人聂云宸非常年轻，是一个90后，他对产品和研发的热情，以及对企业基本面的认知，在年轻一辈的企业家中当属佼佼者。所以，如果今天你还认为喜茶不过就是文化和创意做得好，那就大错特错了。如今，喜茶的产业之根已经延伸到水果采购、品味研发、人体工学、营养医学、健康理论等领域。这些才是喜茶高速发展的核心驱动力。

传统饮料的物料成本大概是售价的1/10，但是喜茶的物料成本已经突破了售价的1/3，甚至接近一半，所以才有了"一杯喜茶，半杯水果"的说法。如果有人问我：走在街上，大家能喝到的最厚道、最时尚的饮料是什么？我一定会回答：喜茶。喜茶不仅吸引了年轻人的眼球，对于我这个年龄的中年人也有非常大的吸引力。因为我在喜茶里不仅看到了文化的创新，更看到了物料的实在。一口喝下去，真的是满满的水果。

或许有人会觉得，饮料里加水果这说明不了什么，也没有什么难度。但是，大家知道全国几百家店铺的供应链的创建和管理有多难吗？供应的水果在品质、口感和大小上都要基本一致，大家知道做到这一点有多难吗？喜茶的快速崛起绝不仅仅是因为恰巧迎合了年轻人的品位和追求，更是因为它的产业根基扎得很深。也就是说，当你看到有人通过社群经济、粉丝经济快速成功的时候，那是因为有强大的产业根基在背后做支撑。

1. 研发

创新是企业发展的永恒动力，研发则是创新的最大底气，所以想要实现产业根深，研发是重中之重。

2. 人才管理

人才是企业的立家之本，无论是产品质量、产品服务，还是品牌，归根结底，起决定性作用的因素只有一个，那就是人才。从这个层面上来说，人才管理绝对是企业管理的重中之重。要想做好人才管理，就必须在企业内部建立一套健全的、高效的选人、育人、留人流程。

3. 生产管理

生产制造是企业发展的根本，对生产进行管理是为了高效、低耗、灵活、准时地生产出优质产品，为客户提供满意的服务。做好生产管理，就要做好包括计划管理、采购管理、制造管理、品质管理、效率管理、设备管理、库存管理、士气管理以及精益生产管理在内的9项管理措施。

4. 仓储、物流

建立仓储、物流体系，可以确保企业生产物料的及时性和质量，可以确保产品供货和销售的及时性和质量，可以确保安全和低成本的运输和存储，还可以为企业的生产、采购及销售提供辅助信息。因此，对生产制造型企业来说，仓储、物流是企业发展必备的，尤其对于规模较大的企业来说，应该在这方面有更大的投入。

所以，如果想要让社群这棵大树茁壮成长，就要记住，不仅要把地面上的活干得漂亮，还要把地底下很多看不见的活干得同样漂亮。这样，才能让你的社群拥有深厚的根基，从而快速地成长。

7.2.2 事业气足：来自文化体系的自生长

根气盈余的气就是事业气足。

产业链、供应链给社群带来的是根基的盈余，让社群的产业变得根深蒂固，但是，仅靠这些就能让社群发展壮大吗？当然不是。社群还需要精、气、神，也就是事业上必须气足。**所谓事业气足，简单来说就是能够让消费者信心百倍，让企业的领导和员工信心百倍，在整个事业群体中充满真、善、美。**

那么，事业的气足从何而来呢？正是来自文化体系的自生长。所谓文化体系的自生长，就是指你的事业的正直性，还有以正直善良、正心诚意、务实勤奋为根基的文化之气的生长迭代。那么，怎样才能让你的文化体系完成自生长，从而实现事业的气足呢？

1. 要学会表达

事业气足，不仅要求你站得直、立得正，还要求你会表达。

酣客正是因为拥有了以正直善良、敦厚靠谱、尖物实价为核心的文化根基，才生长出了自己的文字体系、视频体系、图像体系、生活体系。从这个层面上来说，如果硬件是根基，那么软件就是根气。因为是我们的文字、视频、图片、设计以及符号的制造与传播组成的这个文化生产体系让酣客的事业达到了气足。

2. 需要一颗种子

能掏钱买的不是气,只是物。能够称之为气的,都有一套自生长的规则。所以,成本最低、效率最高的经营不是人的劳动,而是种子的生长。

我们播撒一粒麦种,经过七八个月的时间,这粒麦种就会变成几颗麦穗,每颗麦穗里都有几十颗麦粒,一共约100多颗麦粒。试问,哪个企业能够只用七八个月的时间就让资产扩张100多倍呢?几乎没有。

我们从麦种的生长中得到了什么启发呢?那就是,如果不是正确的种子、正确的环境、正确的土壤、正确的天气,如果这粒麦种没有自己生长,那么无论你给它多少奖励、多少鼓励,它也不可能在七八个月的时间实现100多倍的增长。

因此,秉承以万物为师的道理,我们从植物身上看到了让企业根气盈余的最好方法,那就是与其花钱购买,不如自己生长。

7.2.3 酣客的文化与根基自生长之路

酣客的文化和根基是怎么实现自生长的呢?

1. 企业文化的自生长

我经常在一些网络媒体上看到关于酣客的文章以及图片,但是却不知道这些文章是谁写的,也不知道这些图片是从哪里来的。打开抖音,我也经常会看到一些跟酣客相关的短视频,每一次我都会看得哈哈大笑，但是却不知道这些视频是谁制作、谁上传的。我能肯定的是，这些文章、视频绝非酣客官方出品，那么到底是出自谁人之手呢？答案就是粉丝。今天，我们办公室里的很多创新都会让我眼睛一亮，这些创新不是来自酣客的管理层，而是来自普通员工。

看到这里，相信大家都清楚了，所谓文化的自生长，就是不论是你的资产、资源，还是文化结果，并不都是企业投资和购买的，更多的是来自企业内部和外部的自生长。

2. 企业根基的自生长

在传统的企业经营中，同行大多是冤家，但是酣客却打破了这种现状，奉行与同行共同发展的价值观。因此，在中国酱香型白酒产业，越来越多的企业愿意与酣客合作。酣客不仅给了茅台镇的很多酱酒、白酒企业启发，而且酣客的存在，本身就是对酱酒产业的一种鼓励。

"同行是冤家"这件事为什么在酣客不成立呢？因为酣客自生长的不仅有文化，还有根基。也就是说，酣客以正直善良、正心诚意、尖物实价、善待顾客为核心的追求，得到了顾客的认同，所以顾客变成了粉丝；得到了员工的认同，所以员工成为酣客公司的基石；也得到了产业的认同，所以让酣客成为大家非常愿意与之合作的伙伴。

不仅文化可以自生长，产业根基也可以自生长。正是产业根基和文化的自生长带来的盈余，才让酣客这个只有五六年历史的社群模式的企业，成为酱香型白酒领域快速领先的新文化现象和新品牌。而且，在这个过程中，传统的手段我们几乎没有使用，比如投放广告。虽然大家也曾看到过一些酣客酱酒的广告，但那些都是经销商和渠道所为。为什么我们从来不做广告？因为我们知道，随着消费者的认知越来越理性，"广告就等于购买"这个等式早已不再成立。

那怎样才能让消费者购买呢？第一，你的企业必须是一个正直善良、务实的企业；第二，你必须让消费者看到，你在本行业内正在向下扎根、向上生长。向下扎根、向上生长意味着你的种子是正确的，同时你的行动不是短期行为，你奉行的也不是功利主义，而是在实实在在造福这个行业，带动地方经济，帮助人民富裕。

政府会不喜欢这样的企业吗？消费者会不喜欢这样的企业吗？合作伙伴会不喜欢这样的企业吗？行业协会不喜欢这样的企业吗？给你带来这些认可和喜欢的就是你的企业在根气方面的盈余。

7.2.4　没有根基，社群不稳

市场经济发展很快，互联网经济发展更是迅猛，但为什么很多企业寿命不长？在 2013 年和 2014 年秉持着互联网思维快速兴起的一些品牌，到今天的成功率连千分之一都不到。为什么互联网和透明社会给我们留下了这么多温热而崭新的"尸体"？一个共同的原因就是，它们不重视根基，没有根气，只顾向前跑，不顾脚下路，只想向上生长，不想向下扎根。

所以，在我看来，根气的盈余是社群经济必备的基础和态度。很多企业家与我交流的时候都会问到一个问题：酣客的社群方法论特别好，但是怎样才能落地呢？首先我会先反问他们几个问题：你为什么总是在担心落地的问题，难道你现在在天上吗？你是怎么上的天？是不是过大的野心、过大的欲望和过多的浮躁，让你高高在上、眼高手低而无法落地呢？然后我会告诉他们一个标准答案，那就是不要狂妄，要脚踏实地，你就永远不用思考怎么落地。

前些年在互联网领域我们经常听到一句话："站在风口上，猪都会飞起来。"但是，我想说的是，如果风停了怎么办？所以，为落地发愁的企业应该先反思一下，你有没有根基精神？你有没有根气精神？你愿不愿意不浮躁地做事？你愿不愿意向下扎根？

酣客在5年时间里，不仅给当地政府创造了上亿元的税收，给合作伙伴创造了巨额的利润，创造了超过8000个就业岗位，还给这个行业培养了大量的人才。今天，模仿酣客、学习酣客的白酒品牌，加上我们亲自教授的学生所创建的白酒品牌，一共有几百个。俗话说，独木难成林，酣客愿意分享自己的成功经验，愿意带动更多的人成为社群经济的赢家。

如果你不愿意扎根，不愿意建立文化生产、文化制造的整个体系，那么你的社群根基就会不稳，甚至会不堪一击。

7.3 扭曲力场盈余

扭曲力场盈余是社群方法论的最后一个方法，什么是扭曲力场呢？

先给大家讲一个故事。1999 年，我在当时中国最大的管理咨询公司汉普工作，马云曾带着他的中国黄页来推销。马云认为，企业没有必要单独建立一个网站，可以把企业信息放到他的中国黄页上去。但从当时的情况来看，中国互联网领域老一辈企业家，比如王志东、张朝阳、丁磊等都还没有得到主流社会的认同，所以马云当时的境遇可想而知。当时有很多人把中国黄页当成一个新生的"怪物"。但是，20 年之后，还有谁敢小看马云？他创建的阿里巴巴已经成长为一个商业帝国。

阿里巴巴最强大的力量是什么呢？我把它叫作对现实世界的扭曲力。**伟大的公司都有一种由力量构成的场和环境，这就是扭曲力场。**

与马云当初的境遇相似的人很多。雷军刚开始做手机的时候，很多人都下了定论，认为他的公司一定活不了几年。可如今，还有谁敢小看雷军和小米？

创业初期，马化腾也曾经险些为了几百万元廉价卖掉腾讯 80% 的股权。年轻的马化腾去跟投资人讲 QQ 的商业模式，没有人能听懂他说的是什么，也没有人相信仅凭一帮年轻人玩的一个即时通信工具就可以成就一个伟大的企业。今天还有谁敢小看马化腾和腾讯？

看到这里,不知道大家发现了没有,中国互联网领域内出现了一个很神奇的现象,那就是成功的互联网公司都具有一种特质——扭曲力场。

其实,比扭曲力场更强大的是社群经济。社群经济虽然不具备互联网基因,但是它却以一种非互联网的方式,同样演绎着阿里巴巴、小米、腾讯的神话。

是什么赋予了社群经济这种力量?答案就是时代、趋势和人们内心的追求。正如狄更斯说的那样:"这是一个最好的时代,也是一个最坏的时代。"这是一个最好的时代,科技和经济的发展一日千里,新产品不断涌现,信息无限爆炸,每个人都见多识广。但是,所有跟不上时代步伐、无法适应科技进步的企业都将被淘汰,所以这也是一个最坏的时代。

过去,在窄域社会很多企业都可以生存得很安稳,但是今天,外行狙击内行的情况时有发生,很可能3个月一个品牌的优势就不在了,甚至一觉醒来,公司就倒闭了。

这个社会对所有不适应时代发展的企业在进行着一场什么样的狙击呢?那就是社会在扭曲所有人。无论你是钢是铁,也无论你的企业规模有多大,只要你不适应市场发展趋势,不适应未来,就会像面团一样被社会揉来揉去。

7.3.1 扭曲力产生的6要素

当你脚下扎根、不浮躁、不功利,就会开始逐步具备这种扭曲力。那么,如何把你的产品竞争力、伦理竞争力、价值竞争力、符号竞争力、组织竞争力转化为扭曲力呢？扭曲力的产生需要以下6要素的支撑，如图7-5所示。

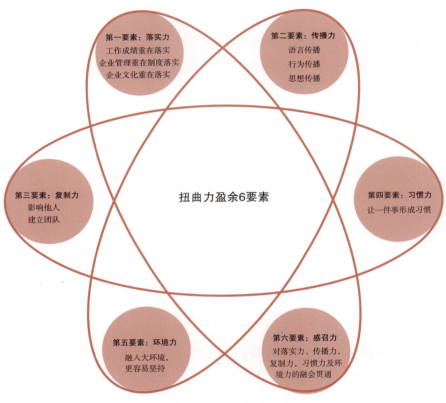

图7-5　扭曲力盈余6要素

第一要素：落实力

想扭曲这个世界，想创造商业奇迹，必须要有落实力。

首先，工作成绩重在落实。

在工作中，想要获得什么样的结果，关键在于你付出的努力有多少，你的执行力有多强，你是否真正把工作当成了自己的事情来对待。也就是说，工作成绩重在落实，落实讲究的是实事求是、脚踏实地的行动。

其次，企业管理重在制度落实。

成功的企业都有一套系统、科学、严密、规范的管理制度。想要搞好企业的规章制度建设，就一定要坚持严密性、可行性、无偏袒和时效性等原则。但是，更重要的是，再好的管理制度都贵在落实，不能落实的制度只是镜中花。

最后，企业文化同样重在落实。

企业文化是企业在经营管理过程中创造的具有本企业特色的精神财富的总和，对企业成员具有感召力和凝聚力。不过，企业文化并不是一成不变的，随时代潮流而发展变化的企业文化才具有生命力。就不断变化中的企业文化而言，不断强化并贯彻落实就显得尤为重要。在不断强化和贯彻落实的过程中，顺应潮流的新的企业文化才能让企业在复杂多变的市场经济中立于不败之地。

酣客有一句管理方面的口头禅："说到就要做到，做不到就不要说。"这句话就是对落实力最简单的注解。把落实力放到企业的所有干部和员工身上，就意味着"从我开始，落地执行"。也就是说，自己做就叫落实，即用自己的行动去落实自己的承诺，去落实自己的价值。

当你有了落实力,就足以扭曲世界了吗?不能,你还需要第二种力——传播力。

第二要素:传播力

比落实力更重要的是传播力。落实是自己做,传播是让别人做。比如,企业的管理者让团队和员工来做传播工作,这时候就要考验管理者上传下达的能力了。

首先,要用准确的语言传达意图。要想保证上传下达的准确性,对于管理者的语言组织能力要求很高。在下达工作指令的时候,管理者要避免顾左右而言他,要一语中的,直接提出要求,并表达出想要的结果。这样既利于下属理解,也利于任务的完成。

其次,要通过复述让员工加强记忆。下达工作指令的时候,在有必要的情况下,管理者可以适当多重复讲述工作的内容和要求,这样既有利于员工对工作内容的准确把握,又无形中提升了员工对工作的重视程度。

想要具备扭曲力,不仅要自己做,还要让别人做,语言、行为、思想都需要进行传播。

当你有了落实力和传播力之后,就足以扭曲这个世界了吗?不能,你还需要第三种力——复制力。

第三要素:复制力

自己有意识地去做叫落实,有意识地让别人去做叫传播,那么复制力是什么呢？

俗话说："单丝不成线，独木不成林。"一个人的力量再强大也毕竟有限，成就大事要靠团队和群体的力量。复制力的本质就是用自身的影响力去影响更多的人，让他们和自己站在同一战线，也就是要建立一个团队，依靠团队的力量才能实现更大的目标。

当你有了落实力、传播力、复制力之后，就足以扭曲世界了吗？不能，你还需要第四种力——习惯力。

第四要素：习惯力

什么事情最容易坚持？就是你养成的习惯。请你把双手合十放在一起，然后看一下是左手压着右手，还是右手压着左手？大多数人应该没有思考过这个问题，所以多半会试一下，然后才知道答案。如果刚才你是左手压右手，那么现在请你反过来，双手合十，然后用右手压左手，反之亦然。这时候你会不会觉得很别扭？答案是肯定的。别扭就是不习惯。所以，当双手自然而然合在一起的时候，绝大多数人不会提前思考应该左手压右手还是右手压左手，这只是一种下意识的行为，而这种下意识的行为就是习惯。

那么，习惯力是什么呢？如果说落实是自己有意识地去做，传播是让别人做，复制是自动做，那么习惯就是不这么做你会觉得很别扭，甚至很难受。当做正确的事变成一种习惯，你就形成了习惯力。

以酣客为例，所有酣亲都在我们的影响下形成了很多习惯。

比如，喝酒不拉酒线、不看酒花、不闻酒杯，就觉得少点什么；出门不穿酣客的衣服，旅游不是和酣亲们一起，就觉得缺点什么……所以，当你的员工、你的团队、你的粉丝没有你就不习惯的时候，你的社群就具备了一种习惯力。

当你有了落实力、传播力、复制力和习惯力之后，就足以扭曲这个世界了吗？不能，你还需要第五种力——环境力。

第五要素：环境力

什么叫环境力？举个例子。现在去健身房锻炼的人有很多，跑步机和各种力量器械都很受欢迎。但是，不去健身房就没办法锻炼了吗？当然不是，公园里晨练的人就有很多。既然锻炼不一定非要去健身房，那为什么很多人一定要去呢？

主要的原因就是健身房有一种运动氛围，在这个环境里，大家都在锻炼，如果你不锻炼就会感到心虚。这种环境可以让人自然而然地融入其中，而且更容易坚持。如果是在家里锻炼，因为缺乏这种运动的氛围，大多很难坚持，环境对人的影响可见一斑。

当你拥有了落实力、传播力、复制力、习惯力和环境力这5种力之后，就足以扭曲这个世界了吗？不能，你还需要第六种力——感召力。

第六要素：感召力

只有拥有了感召力，才能帮你实现扭曲，而感召力正是源于对前面5种力的融会贯通。也就是说，只有做好了前面五件事，才能够获得感召力。

"感"是指感动，不是打动、说动、触动，也不是推动，感动是源自人内心最本质的想法，是发自内心的最真实的感受。所以，当你能够感动别人，让别人心甘情愿像你一样去想去做的时候，你的感动就产生了一个结果，这个结果就是感召力。

比如，我讲的社群方法论，如果你都能很好地领悟，就会想要去尝试，想要付诸行动。当你传递出去的思想和方法，让别人想要去尝试的时候，你和他们的关系就变成了感召与被感召。所以，社群的扩张不是一种说服，而是一种感召。

感召不是基于说服，也不是基于辩论和竞争，而是基于别人发自内心的感动之后的自愿行动。有了感召力，才可以真正实现对这个世界的扭曲，才有机会把你的社群打造成一个行业不可忽视的创新力量和颠覆者。

7.3.2 扭曲力：社群的终极武器

为什么社群可以创造扭曲力场？我在前面提到了，互联网的第10代叫心联网。到了心联网时代，人类已经逐渐从被迫的组织化生存转变为个性化生存，人类的很多需求也已经变成了追求，用自己的精神和思想去做自己的主人变成了大多数人的愿望。

同时，商业环境、社会环境和文化环境的不断变化，无疑给社群经济创造了一个巨大的通向未来空间的入口，这个入口比互联网还要大。因为互联网想要连接人，必须通过网络，但是在心联网时代，心态相投的人却可以一连即合。

所以，如果想要实现对目标顾客群体和目标粉丝群体进行最大程度的关怀、接纳、融合和聚集，就需要你不厌其烦、勤奋务实地从自己的行动开始。从刻意的落实、刻意的传播走向自动的落实、自动的传播；从自动复制走向形成习惯，从环境影响到形成感召。当你把这 6 件事情全部完成得很好之后，你会发现自己又具备了第七种能力，那就是动员力。拥有了动员力，就可以用你的社群中的美好和真诚去影响身边更多的人和环境。

大潮将来，泥沙俱下。

难道社群里就没有不和谐的声音吗？当然有。但是，社群还有一种能力叫作免疫力。通过免疫力，社群可以把价值观不同的人自动屏蔽在外，同时也会自动识别和筛选出不靠谱的人。没有真心、不真诚的人在这个社群里待着会不舒服，这种不和谐会让他们无法隐藏。这正是软组织和心联网的本质。软组织就是自己可以修复自己的组织，心联网就是只要心不对，就会被排斥的一个网络。

到这里，社群方法论的 15 个方法全部讲解完毕。今天，世界上很多强大的企业、强大的组织都在软实力上取得了领先优势。他们是不是社群模式并不重要，重要的是他们都具备社群的特征，都符合社群的这 15 个方法论。所以，这 15 个社群方法论就是实现软组织的方法，也是迎接这个时代的趋势和人内心的追求的重要方法。

学会了这 15 个方法，你才算具备了社群化的基本条件，才有资格迈进社群化的门槛。迈进社群化的门槛之后，你要做的就是用一系列的行动力来验证这些方法。所以，下一章我就开始为大家讲解，如何迈出社群化成功的第一步。

第8章 CHAPTER

社群化是企业重做的必经之路

经济学家们研究的周期理论表明:"所有新的商业模式也无非就是新瓶装老酒。"因此,虽然商业形态一直在更新迭代,但商业的本质却从来没有发生变化。大多数新商业模式本质上都属于对传统生意的重做。从这层意义上来说,是重做让商业实现了不断的演化。

企业重做的重要落地措施就是进行社群化变革。企业的社群化变革不是一次简单的管理变革,也不是一个简单的咨询项目,更不是一次培训,而是你的组织从硬组织到软组织,从互联网到心联网的一次全面的底层重构。底层重构应该从哪里开始呢?答案就是从正确的观念和科学的方法论开始,然后再从"经、庙、长老、牧师、戒、事"这6个方面入手，一步步开展实践。万事开头难，只要能正确迈出社群化的第一步，只要坚持下去，就一定会有收获。

8.1　为什么企业重做要实现社群化

今天的商业世界正在不断向我们发出新的信号。比如，数据被认为是和石油一样珍贵的资源，经过字节跳动、滴滴等企业的合理使用，诞生了一个又一个商业奇迹。那么，这其中是什么在催生着变化呢？

分析字节跳动和滴滴的商业模式不难发现，它们都是对传统生意的重做。

8.1.1　社群方法论为企业重做奠定基础

面对商业世界的不断发展和复杂变化，所有行业都到了需要重做一遍从而获得新生机、新力量的时候。那么，企业应该怎样重做，具体落地的方法有哪些呢？在我看来，对企业进行社群化变革正是企业重做的必经之路。关于这一点，我们从企业重做的方法论里就可看出端倪。

1. 企业重做之重新定义消费

今天，消费升级已经成为常态，仅仅满足需求的商业已经过时，取而代之的是由追求主宰的新商业世界。也就是说，追求已经代替需求成为消费的底层逻辑，也是新商业存在的基础。

追求是长期存在于消费者心中的欲望,但不一定产生购买;想要则是瞬间被触发的追求,能够直接促成消费。长期的追求和即刻的想要融合在一起,才能重新定义消费。

重做方法论中的"重新定义消费"与社群方法论中的"范式盈余"有着异曲同工之妙。在打造范式盈余的过程中,当其他企业的基本商业范式都停留在满足消费者需求的层面时,社群组织已经把满足需求变为创造想要和满足追求。

2. 企业重做之重新定义顾客

彼得·德鲁克说,企业存在的唯一目的就是创造顾客。杰夫·贝佐斯认为,顾客永不满足的心性推动了企业的前进。因此,重新定义顾客是重做方法论中非常重要的一环。

重新定义顾客就是把顾客变成粉丝。因为在消费个性化、市场竞争加剧的大环境下,提高顾客忠诚度已经成为企业必须要攻克的难题。

重做方法论中的"重新定义顾客"与社群方法论中的"粉丝盈余"如出一辙。从某种意义上来说,社群经济就是粉丝经济,粉丝是社群经济的基础,没有粉丝的社群经济无异于无源之水,无本之木。

3. 企业重做之创造品类

随着人们对个性化的追求不断加强,商品开始不断分支,形成了品类分裂。相对于狭窄、崎岖且拥挤的老品类赛道,每一个新品类都是一条宽广且对手极少的赛道。从这个层面上来说,如果企业要重做，选择产品的类别比塑造品牌更加重要。

不过，修改品牌名称或者改变包装设计显然不是创造品类的方法，也不是重做方法论所提倡的。企业如果想要创造新品类，必须通过一些更有价值的新方法，比如场景聚合、技术创新等。

在社群方法论的粉丝盈余这一方法中，物粉是所有粉丝中最牢靠的一种，而创造品类、选对品类正是打造物粉过程中非常重要的一环，这与重做方法论中的创造品类也刚好呼应。只有具备创造新品类的能力，才能够避开竞争惨烈的红海竞争，在蓝海中享受红利。

4. 企业重做之品质设计主义

中国经济正在进行供给侧改革，中国制造的产品已经开始从以规模为主走向以品质为主。在这个过程中，对企业来说，中国产品变成中国品质已经是一条必须要走的路，因为高品质是创造新的经济奇迹的重要价值观。

从消费者的追求出发，高品质的产品必须具备以下两个条件：第一，能够给消费者创造预期的体验；第二，具备高标准的设计要求。

重做方法论中的"品质设计主义"说的正是社群方法论中的"品质盈余"。在社群方法论中，"品质盈余"不仅要打造产品的高品质，还要打造文化和组织的高品质，而且要达到能够为消费者带来意外和惊喜的程度。

5. 企业重做之价值创新

中国迫切需要价值型企业，这是由两大现实因素决定的：第一，社会经济经历高速发展后，中国企业需要价值沉淀和增长，去完成下一个时代的使命；第二，价值正在取代利润、资源等要素，成为评判企业优劣的标准。

因此，企业要重做就必须进行价值创新，其中包括两个重要方面：一方面是企业自身要创造高价值，另一方面是企业要对外建立高价值感知。想要达到这样的目标，以往通过定价策略、品牌策略塑造的价值锚已经不再适用，企业要重做，必须避免营销的功利性，真正回归产品、文化和产业价值。

重做方法论中的"价值创新"与社群方法论中的"价值盈余"殊途同归。在社群方法论中，企业要想实现价值盈余，就必须对产品的物理价值、消费者心理价值和未来价值进行重新定义，从而让企业明确自己的价值主张。

6. 企业重做之伦理创新

今天是一个比任何时候都重视伦理的时代。互联网的发展，在很大程度上让所有企业和产品的成败都建立在口碑与伦理之上。合乎伦理自然就能够获得良好的口碑，反之，即使再强大的品牌也有可能跌下神坛。因此，对伦理的创新和升级便成为战略、战术、竞争关系、管理、营销之外的又一大新要素。"伦理＝道理＋道德"，这一公式为企业重做指明了伦理创新和升级的路径。

重做方法论中的伦理创新正是实现社群方法论中"伦理盈

余"的途径。可以毫不夸张地说，伦理就是社群经济的本质，所以伦理盈余是社群方法论中其他方法的基础和指引，是社群方法论中的核心组成部分。要想让企业与消费者达到心因共振，从而让品牌迅速崛起，没有伦理上的盈余是无法实现的。

7. 企业重做之打造符号工程

在今天这个低敏感时代，信息泛滥和爆炸给品牌传播带来了新的困境：当企业用信息去传递企业文化、诠释产品内涵、解释商业模式的时候，信息厌恶、信息厌倦正在悄悄地阻碍着信息传播。这时候，企业要重做，就需要在语言、行为、文字、图像、感官等各个方面开启符号工程，让产品品牌从信息化生存走向符号化生存。

重做方法论中的符号工程对应的正是社群方法论中的"符号盈余"。社群方法论中提到，企业必须具备的符号包括视觉符号、听觉符号、行为符号和生活符号。社群之所以需要大量的符号，主要是因为当海量信息扑面而来的时候，仅仅依靠语言或文字已经无法实现高效率的分辨和管理，但与之相比，符号却拥有更强大的传播力和信息渗透力。

8. 企业重做之打造新根基

传统企业的基本面包括产品、研发、生产、制造、营销和管理，但是在新商业时代，这些属于"线"性经济的基本面已经成为老黄历，因为新商业不是一条"线"，而是一个"体"。所以，在新商业这个"体经济"时代，企业的基本面是全新的企业结构、组织关系和生态矩阵，这些是重做企业的新根基。

企业如果没有扎实的根基，重做就如同无源之水、无本之木。企业骨子里的根气从哪来呢？最重要的要有一颗正确的种子，种子不正确，企业就很难健康成长。这颗种子就是企业、产业、市场和文化的结合，这四个要素融为一体，能够帮助企业形成新根基。

重做方法论中的新根基对应的正是社群方法论中的"根气盈余"。"根"指的是要把企业的产业根基扎深、扎透，即让企业在产业链和供应链方面达到领先的水平；"气"指的是事业气足，事业上的气足主要来自企业的文化体系的自生长，也就是说，要用文化打造一个让消费者信心百倍，同时也让员工信心百倍的企业。

通过对企业重做方法论和社群方法论的简单梳理，相信大家都发现了，这两套方法论高度相关。无论是重新定义消费和顾客，还是创造品类和提升品质；无论是价值创新和伦理创新，还是打造符号工程和新根基，都可以在企业社群化的进程中找到对应的方法。从这个层面上来说，企业要重做就必须推行社群化变革。因此，想要实现企业的重做，就必须要对企业进行社群化的改造，这是大势所趋，也是经济发展的必然。

8.1.2 掌握方法很重要，勇于实践更重要

正如我在前面所说的那样，这的确是一个最好的时代，也是一个最坏的时代。说它是最好的时代，是因为它为企业的发展提供了越来越多的高科技和越来越多的时代机遇；说它是最坏的时代，是因为很多企业不可避免地遇到了不同程度的困境和问题。

比如，面对突如其来的新冠疫情，面对未来的不确定性，很多企业都感到迷茫。这种局面该如何化解？答案就是积极地寻求改变，走上重做之路。

所以，这应该是一个麦哲伦和达·伽马纷纷扬帆出海的时代。没有人知道地球的另一端是什么，有可能是万劫不复的深渊，也有可能是一片美丽的新大陆。如果故步自封，不求改变，就永远没有见到新大陆的那一天，最后的结果很可能就是坐以待毙。

西方的商业社会发展至今，用了一两百年的时间。但新科技已经打破了市场固有的藩篱，传统格局被渐次颠覆。中国的商业发展从改革开放算起，至今不过四十几年时间，也就是说，我们正在尝试用四五十年的时间去走西方社会走了两百多年的路。

虽然这条道路上必然充满险滩，磨难重重，很多人会因为无法坚持而中途折返，也有很多人会因为能力不足铩羽而归。正如马云所说："今天很残酷，明天更残酷，后天很美好，但绝大多数人死在了明天晚上。"但是，即使前路再艰险，形势再迷茫，也总有一些人依靠着超出常人的敏锐嗅觉，用手电打出一道光，直达天际，勾勒出心中的那座珠峰。

所以，对于现在的企业来说，想要突破自我，寻求改变，已经不用再像改革开放之初那样摸着石头过河了，这不仅是因为那样做试错成本太高，更重要的是，在这个时代，已经有很多像酣客这样的先行者付出了试错成本，为后来人开辟了道路。正所谓，按图索骥，社群方法论就是你们远航路上的灯塔和动力，为你们指明方向。

当你知道格局已经变化,并意识到危机已经到来,不得不改变的时候;当你有了先行者给你指明方法和方向的时候,你需要的还有勇气和壮士断腕的决心,勇敢踏出这一步,去面对未来。

8.2 社群化的科学方法论

观念的更新与迭代是一切事物发展的前提和基础,没有正确的观念做指引,就很难坚持正确的方向,会走偏、走错。所以,社群化的落地,观念必须要先行。对于社群化落地,我们都要树立哪些正确的观念呢?

8.2.1 树立正确观念,为社群化指明方向

其实,关于社群的一些正确观念我们在前面各个章节已经做了很充分的阐述,这里不再详细拆解。不过,既然观念如此重要,我觉得有必要再简要重申一下。

第一,社群不是一个新事物,是已经到来的趋势

我一直在反复强调,做社群不是在做一个新事物,而是企业组织的底层重构和文化重构,这种重构相当于带着旧组织去迎接一个新世界。你的组织、管理、软件、硬件,如果不能全面而系统地达到社群化的境界,那么你的社群化就只是叶公好龙。

同时,在这个低敏感、产品过剩、物质泛滥、信息爆炸的时

代，我们的管理学已经走入困境，所以社群化必然是一种趋势。不做社群，你只能生存，而且是很艰难地生存。

第二，社群化就是一场组织变革

社群化的本质就是一场组织变革，经销商是你的外组织，员工是你的内组织。传统管理学在今天遇到了困境，所以我们不能再向管理要管理，而是要向组织要管理。这就需要把你的组织社群化，即用社群的标准去要求你的外组织和内组织，对组织进行重塑和再造。

第三，社群化是大多数企业当下的刚需

或许你的企业还没到生存艰难的地步，但是因为社会环境和大趋势的变化，一定会让你的企业遇到越来越多的挑战。比如，营销成本和经销商的维护成本会越来越高，员工的忠诚度会越来越低，等等。社群化是大多数企业当下的刚需。

第四，社群化是大多数组织面对未来的必须

社群化不仅是企业的刚需，更是大多数组织面对未来的必须。企业和组织正在快速变成"文物"，人类社会永远在向前发展，而且发展变化的速度会越来越快。蒸汽机发明之后，几十年一变，互联网到来之后，几年一变。所以，今天企业和组织的巅峰期往往只是一瞬间，然后便有可能跌入谷底。所以，用社群化这种软组织去重构你的旧组织就是未来的必须。

以上就是我要重申的关于社群化应该树立的正确观念。如果没有这些观念作为引领，你的社群化很可能会是一场冒险，也可

能会是一场盲目的狂奔。

8.2.2 从集体步行到集体游泳

当年,互联网诞生之初,传统企业如临大敌。经过早期的慌乱之后,传统企业开始慢慢意识到,如果不跟上互联网的浪潮,不进行互联网转型,那么前面的路就会很难走,甚至会无路可走。

这个过程大概历经了 10 年的时间。从当初被迫开始线上营业,到如今基本全面实现互联网化,大多数传统企业在这个过程中都经历了很多困难和痛苦。但是,互联网化是趋势所在,正所谓顺趋势者昌,逆趋势者亡。

打一个形象点的比喻,如果传统市场是陆地,那么互联网世界就是海洋,中国传统企业的互联网化过程就像是一场从集体步行到集体游泳的转变。之所以是集体的行为,是因为传统企业的互联网化进程不是企业家一个人的事,也不仅仅是企业高管的事,而是整个企业从上到下所有人的事。

从集体步行到集体游泳,从科学方法论来说,分为几步呢?

第一步:动作的学习

大家都知道,学习游泳的第一步是要学会基本的动作,怎样划水、手脚怎样配合,等等。虽然刚开始的时候动作难免生硬,但这是学会游泳的必经过程,不能跳过。

那么在企业社群化这个过程中,企业需要学习的动作有哪些呢？举个例子。互联网要求企业全员都必须具备自动化办公以及互联网在线办公的能力，要求微信、钉钉这些现代的即时通信工具变成员工日常办公工具。

第二步：试水

基础动作学好之后，并不代表已经学会了游泳，接下来我们还要试试水，熟悉水性之后才能够正式开始游泳。所以，关于游泳，动作只是基础，懂得水性、具备好水性才是更重要的。

那么，什么叫好水性呢？答案就是对企业的未来和人类的现代特征有深刻的洞察和体验。老师不能教会你所有的道理，要领悟更多的道理需要你试水之后自己去体会，正所谓"师傅领进门，修行在个人"。

第三步：热身

经常游泳的人都知道，在下水之前都要先热热身。这样做是为了防止下水之后因身体不适应而发生抽筋的现象。抽筋称得上是所有游泳人的噩梦，处理不当甚至会危及生命。所以，热身必不可少。

从企业变革的层面来看，热身就是要让你的企业有充分的训练，包括你的团队、员工、经销商、内组织和外组织，都要做好充分的准备。

第四步：由浅入深

游泳馆都会划分浅水区和深水区。深水区一般是给高手准备的，新手更适合在浅水区练习。成为一个游泳好手，其实就是一个从浅水区游到深水区的过程。

企业在互联网化的进程中，同样要遵循由浅入深的原则。举个例子。当你对员工进行管理的时候，往往要提到共同的价值观。共同的价值观如何落实呢？如果你从很宏大、很遥远的角度来解读价值观，那么员工多半会听不懂，即使听懂了也不会有太多切身体会。最好的办法是，列举出一些共同价值观所代表的行为和小事，让员工从最简单的事开始做起，然后不断地做，不断地反馈，不断地考核，慢慢走向纵深，这样才更容易让员工认可和接受。

从集体步行到集体游泳，企业一定要遵循系统化和务实这两个原则。上面四步就是系统化的方法，那什么是务实呢？务实也很简单，企业不能为了变革而变革，要从财务的角度去考量。因为企业要发展，要盈利，如果没有财务的支撑，就无法实现。所以，没有财务收益的运营没有价值。

根据万物为师的理论，从集体步行到集体游用，这 4 件事就是企业变革的前奏。

8.2.3 从集体游泳到集体飞

今天，我们又开始面临一场新的革命，那就是从互联网化到社群化。面对这场变革，在不抛弃互联网的基础上，我们要做的就是根据社群的要求对组织进行从底层到顶层的全面重构。

我在前面已经讲过，社群代表着忠诚度和凝聚力最强的内部组织以及柔软的管理。这种管理就像是飘在天上，弥漫在空气中，处处充满着互相尊重的气息。把过去以简单的激励和约束为核心的管理变成了对人性的尊重，把过去的绩效考核变成共同利益高于一切。要面对这些变化，就要从集体游泳变成集体飞。

那么，社群做得好，飞的速度有多快呢？酣客的成绩大家都看到了，营收在 5 年内成长了 100 倍。酣客不是互联网公司，一家传统的实业公司 5 年成长了 100 倍，飞的速度有多快可想而知。但是，你不能只看 100 倍的速度，还要看在这 100 倍的成长背后酣客都做了些什么，这才是最重要的。

那么从集体游泳到集体飞，又分为几步呢？

第一步：工具学习

从步行到游泳，我们的第一步是学习基本的动作，但是从游泳到飞行，学习动作是没有用的，我们需要借助工具。所以，从游泳到飞行的第一步就是要利用好工具。

社群化需要哪些工具呢？我在前面已经详细阐述过，社群化的工具包括技术工具、管理工具以及文化工具。学会使用这些工具，才具备了社群化的基础，也能让社群化的落地更加高效。

第二步：适天

既然要学会飞行，就必须要先适应天空的环境，就像学游泳要先懂水性一样。

天和水有什么区别？在天上飞比在水里游速度更快。社群能高速发展就是因为它在飞，所以必须要适应天空的环境。

看到这里，不知道大家有没有发现，在社群化的道路中，有很多东西都是逻辑自洽的。也就是说，这套理论不能缺少任何一环，不仅要伦理领先、价值领先、符号领先、文化领先、管理领先，同时还要有产业的根基。由此可见，社群化是多点启动、循序渐进的一个过程，绝不是做好某一件事就可以成功的。

所以，在整个社群化的过程中，你必须都要做到逻辑自洽。如果实现不了逻辑自洽，就无法适天，就无法让社群高速发展。

第三步：能量运用

走路和游泳的时候，你用的都是自己的力量，但是飞行的时候，你必须借助工具的力量来产生动力。社群化最重要的力量就是软组织所代表的精神、心灵追求和目标理想。

也就是说，社群化的动力不再是企业的自我奋斗，而是以公众的心灵能量为核心。所以，从步行到游泳，你需要的是热身，但是从游泳到飞行，你就需要善用这种能量。怎样才能运用好能量呢？简单来说就是，每件事情都要带着一颗"社群心"去做。所谓"社群心"就是正心诚意、正直善良，要尊重人性、尊重追求、尊重理想。没有这颗社群之心，你的社群就很难获得能量。

第四步：模拟试飞

学会游泳之后，你可以直接下水，从浅到深地进行不断的实操和训练。但是上天飞行之前，你必须先进行模拟试飞的训练。在模拟试飞中，虽然会出现各种紧急情况，但即使失败也不会有危险。只有经过了一遍遍严苛的模拟试飞，你才有资格成为一名真正的飞行员。

对应到社群化的过程中，就要求你的员工和团队都必须进行局部模拟，包括业务模拟和管理模拟等。只有一切模拟都通过之后，你才能真正进入社群化的实操阶段。

综上所述，树立了正确的观念之后，想要实现社群化的落地，还要深刻理解"从集体步行到集体游泳""从集体游泳到集体飞"这两句话的深刻含义。

8.3 底层重构，社群化的核心要点

想要在企业内成功实现社群化，就必须在企业中进行一系列的变革，内容包括文化再造、机构再造、落实一把手工程、组织再造、四项立法以及行为管理。这些是实现社群化的底层重构，也是实现社群化的坚实基础。

8.3.1 打造核心价值观和社群管理中心

1. 文化再造

在社群化的过程中，价值观、使命、愿景必须要通俗、接地气，这样才更容易被大众接受。也就是说，只有对社文化进行再造，才能让普罗大众都能读得懂，读得懂才有机会从思想变成实践。

所谓对社群文化的再造，就是一个企业的社群化变革绝不只

是组织的改变，同时还要进行文化变革。也就是说，过去以产品营销为核心，现在以人和心为核心；过去满足需求，现在满足追求；过去满足需要，现在创造想要。

当这么多的量开始变化的时候，我们的价值观就应该有所转变；我们的使命也不应该再那么小，应该变得宏大又具体；我们的愿景也不应该只是一个口号，而必须变成一个看得见、摸得着的可达到的目标。

在传统企业，价值观、使命和愿景已经定义了文化的轴心，但是在社群化变革中，我认为还必须把第四种东西，也就是蓝图告诉员工。因为现在的员工越来越年轻，在他们看来，价值观、使命和愿景太高、太远，很难够得到。这时候就需要一幅蓝图来让这3种东西实现落地。那么，蓝图是什么呢？就是每个企业奋斗者脑子里的一个共同画像。

举个例子。对酣客来讲，我们的价值观是尊自然、顺人类、思无邪，祛奸巧、祛浮躁、祛复杂，身廉简、心诚厚、行有则，这就是酣客做人做事的通用标准；我们的使命是让全世界爱上中国酱酒，让全世界享受中国品质；我们的愿景是将酣客酱酒打造成国民酱酒第一品牌。什么叫国民酱酒？就是不为少数人服务，而是服务于天下爱喝酒的人。

那我们的蓝图是什么呢？所有酣客人脑子里的蓝图就是：在制造端，我们要做中国第一个也是最大的一个酱酒生态产业集团，有我们自己的设计、研发以及艺术工作、创意工作、创造工作；我们旗下的多家生产主体，都要按照统一的最高标准酿造基酒，然后进行统一的科研、统一的勾调；我们不仅要给粉丝供应优质产品，还会成为有志于酱香型白酒、热爱酱酒的所有族群、所有投资人、大渠道、奋斗者以及超级商业机构的靠山。

简单来说，我们的蓝图就是做中国酱香型白酒最大的生态产业集团，成为中国"酒鬼"和全球"酒鬼"的酱酒科普学校，这是一个非常明确的蓝图。

所以，要做社群化，所有人脑子里都必须知道，你所定义的未来世界到底是什么样子。有了一个共同的蓝图，然后照着这个蓝图去努力奋斗，很多工作才可能变得自动而明确。

2. 机构再造

企业在进行社群化变革的过程中，要建立一个企业社群管理中心，也可以叫企业社群管理部。以我的经验，这个机构必须要大，同时负责人必须是企业的一把手，而且这个机构一定要设立在显要的位置。

如果没有这种机构，你的文化就落不了地。

8.3.2 首席社群官带头，实现干部人才的社群化

1. 落实一把手工程

企业社群化从硬组织变成软组织，最重要的就叫一把手工程，社群的一把手就是首席社群官。那么怎么在社群组织中落实一把手工程呢？

首先，在社群中，企业组织的一把手最重要的就是必须正心

诚意、心里干净、不带任何私心杂念。有很多人认为当老板是容易的事情，但是在社群化的企业当中绝非如此。以我为例，酣客的所有员工都知道，我每天过着最简单的生活，工作时间最长。也就是说，在一个社群化的组织当中，一把手不能只做一个领导者，同时还要做一个创造者，一个服务者。如果企业家没有创造者和服务者的胸怀，他所领导的社群基本就是个伪社群。

另外，一个企业的决策者如果没有决心和意志来推动企业组织的社群化，而只是在企业内部进行一个部门级的社群化创新，那就没有必要继续下去。因为社群化不是某些企业的新技术，而是大多数企业必然要经过的组织变革之路，在组织变革的过程中需要面临太多的冲突和变化，如果没有一把手的坚定信念，一切都将沦为空谈。

2. 组织再造

团队与组织的再造，就是干部和人才的社群化。

企业社群化的进程中，只有首席社群官一个人发力自然无法成事，因为一把手更重要的任务是做思想和目标的引领，具体的实施却要下面的干部团队来执行。所以，必须把企业的高层、中层干部全部打造成为理解社群、理解软组织和心联网价值的社群人才。而这就要求社群组织在选拔干部的时候绝不能马虎，一定要挑选对社群理解最透彻、业务能力最强、管理能力最强，也就是说企业中素质最高的人来担任。在这群人的努力下，企业的社群化改造才能更顺利。

酣客的管理团队，都是从业绩最好、能力最强的年轻精英群体中选拔出来的，不论是内组织还是外组织，奉行的都是这一原则。

8.3.3 社群化变革，四项规则缺一不可

企业的规矩大多是管理下面的人，管老板的规矩却很少，但社群化却要倒过来。

所以，当你决定要用社群化的方式把自己的生意变成一个伟大的企业的时候，那么作为企业的领导者，你就要立下切实可行的规矩。

那么具体来说，如何设定社群化的规则呢？

1. 文化建设

所谓文化建设，就是指要把企业的使命、愿景、蓝图、价值观深植入每个人的心里。酣客从上到下，即使职位再低的员工，也清楚了解我们的价值观、使命、愿景和蓝图，知道我们的未来在哪里。因为我们非常注重企业的文化建设。没有文化建设，就等于没有目标和原则，那么你的社群就是一个伪社群。

2. 行为规范

行为规范的核心就是要聚焦小处、聚焦细节、聚焦日常。

以酣客为例。酣客所有的群都有日签，而且群里不允许发表情，也不允许用"嗯""啊""喔"等语言来交流，甚至不过年不过节连小红包都不允许发。为什么要进行这么严格的行为管理呢？因为群是一个公众场合，在这个场合里，垃圾信息、碎片信

息都是没有意义的信息，这种信息过多对其他人是一种打扰。所以，我们在这方面的管理特别严格，如果发现有人违反规则，立刻清理出群。这就是戒，也就是行为规范给我们带来的规矩。企业的规章制度经常讲的都是原则，却很少讲行为的细节，其实**最高境界的文化就是行为文化**。

3. 管理流程

管理流程就是关于制度和流程的社群化改造。

举个例子：酣客的粉丝分布在各行各业，在各自的主业中他们有工作日和休息日之分。但是，我们的粉丝很可能半夜还在微信群里提需求，很可能在周六周日也在 App 上活动。所以我们的业务流程自然也不能休息，尤其是涉及管理物流、资金流和信息流的这部分人，必须是全天候工作。

再举个例子。当我们收到粉丝的反馈，比如酒瓶上有细微的裂痕，或者瓶盖上有磕碰痕迹的时候，即使是比这些更细微、甚至丝毫不影响产品使用的小瑕疵，我们也会在 4 个小时之内给出包括解决方案在内的具体回复。

4. 业务革新

什么叫业务革新？

举个例子：每当推出一款新产品的时候，酣客不会直接交给原有的机构和经销商来做，也就是说原有的经销机构不会自动获得新产品的经营权，新业务必须要根据要求重新签约。很多企业经常会有新业务，老业务当中也有比较新的，所谓**业务革新，就**

是指即使你无法在所有业务上推行社群化变革，也要在你的新业务上推行。

这就是社群化变革在定规则方面必须遵循的四个原则，文化建设、行为规范、管理流程和业务革新，缺一不可。

8.3.4 社群化的正确步骤

经过这样的拆解，相信大家对社群化都有了进一步的了解。想要社群化，一定要想清楚几个问题：你的价值观有没有？正不正？有没有专门的机构管理？一把手是否正心诚意、清正廉洁？是否有规矩来约束他们？干部从哪里来？有没有利用大事小事、特别多的事来聚集消费者和粉丝？

但是当你的社群具备了文化再造、机构再造、一把手工程、组织再造、四项规则、行为管理这六大要素之后，是不是就意味着可以实现社群化的变革了呢？当然不是，接下来你还要对这六大要素进行科学的架构，为它们排好主次。

首先，要一把手带头，让团队成为核心，打造你的价值观、使命、愿景和蓝图。简单来说，就是要把经念好，树立正确的观念，制定切实可行的目标，大家同心协力，共同奋进。

其次，要把机构建好，最好能建得人见人爱。当然，更重要的是要选好位置。

接下来，还要有铁的纪律，不要以为社群的软组织可以松散管理，其实社群的团队管理和业务管理比传统企业的更硬。

最后，必须明确每天每时每刻都要有事做，事不分大小，越细越好。而且要力争把每一件事都做细、做透、做到让用户满意为止。

那么我所讲的社群方法论以及社群化的步骤适合所有的企业和组织吗？

并不是。相对来说，社群化更适合传统的大企业、成功企业和成熟企业，因为这些企业大多面临着许多现有的压力和困境，所以他们的社群化转型是企业发展的必经之路。但是对于很多创业公司来说，社群化却并不一定适用。因为创业公司大多带着一个梦想，有野心，想要快速致富，而这与社群的本质很显然是不相符的。

所以做社群说简单也简单，只要有理想就可以去做。但是做社群说难也难，因为在理想中不能有浮躁，不能有慌张，如果你不能务实地根据这些科学的、正确的方法论来建立、经营你的社群，那么你的社群就很难做大做强。

今天的酣客之所以获得了成功，也正是源于我们始终在按照这些步骤不断前行。无论是公司的总目标、一把手的最大责任，还是团队的使命、组织的纪律以及文化上的坚持，每一步，我们都在扎扎实实地努力践行着。